Triggerwarnung

Liebe/r Leser/in, auch wenn ich mir sicher bin, dass du dich mit dem Thema Dark Romance im Vorfeld lange genug beschäftigt hast, möchte ich dich trotzdem warnen. Explizite Szenen, Sprache, Mord sowie sehr detaillierte Szenen werden dich hier begleiten. Wenn du keine Angst davor hast, erneut die Reise mit der Famiglia zu gehen, dann wünsche ich dir viel Spaß bei einer neuen Ära.

Deine Melina <3

Vorwort

Liebe/r Leser/in, bevor du mit diesem Buch beginnst, möchte ich dich darauf hinweisen, dass ich hier explizit auf Verhütungsmittel jeglicher Art verzichtet habe, um den Schreib - und Lesegenuss nicht zu stören. Ich bin mir sicher, du gehst mit dem Thema verantwortungsvoll genug um, dass es keine weitere Erklärung von mir Bedarf. Ich hoffe, auf dein Verständnis und wünsche dir viel Spaß beim Lesen.

Deine Melina ♥

Inhaltsverzeichnis

Prolog Tiago

Gedankenverloren blicke ich aus dem Fenster und sehe einen Haufen dunkler Wolken. Der Himmel spiegelt mein Gemüt ziemlich gut wieder. In meinem Inneren sieht es ähnlich düster aus. Ich habe das Gefühl, Julie nicht wiederzuerkennen. Sie distanziert sich immer mehr von mir und ich habe keine Ahnung, woran das liegt. Die Entfernung zwischen Philadelphia und Italien kann unmöglich der Grund dafür sein. Ich habe ihr mehrfach angeboten, mir nach Roma zu folgen. Die Villa ist groß genug für uns alle und Bailee würde sich freuen, etwas weibliche Unterstützung in ihrem Alter zu bekommen.

Ich habe wirklich alles versucht, um Julie zu überzeugen. Doch jedes Mal lautete die Antwort -

Nein. Seit über einem Jahr jette ich alle zwei Wochen nach Philadelphia, um ein Wochenende mit ihr zu verbringen. In dieser Zeit vögeln wir uns die Seele aus dem Leib, bis ich wieder in den Flieger steige, um meiner alten Heimat den Rücken zu kehren.

Es gibt Tage, an denen ich überlege, für immer bei ihr zu bleiben. Doch ohne den Schutz unserer Leute würde es einem Selbstmord gleichkommen. Ich würde nicht nur mich in Gefahr bringen, sondern auch Julie und ihre Familie. Würde ihr etwas zustoßen, könnte ich mir das niemals verzeihen. Ich liebe diese Frau, mehr als mein eigenes Leben. Ein Geheimnis, von dem keine Menschenseele erfahren darf. Außer Lion weiß niemand von meinen Gefühlen für Julie. Bei ihm ist es in den besten Händen. Selbst unter Androhung von Folter würde er kein Sterbenswörtchen verraten. Nur deshalb habe ich ihm davon erzählt. Weder Sage noch die anderen wissen darüber Bescheid und das ist auch gut so. Diese Info in den falschen Händen und ich bin geliefert. An jeder Ecke lauert ein Pisser, der nur darauf wartet, einen von uns Angelottis umzulegen.

Ich dachte, wenn wir erst in Italien wären, würde sich die Lage nach und nach beruhigen. Doch weit gefehlt. Ramirez und Matteo haben einen riesigen Scherbenhaufen hinterlassen, den Sage noch immer zu beseitigen versucht. Ob es ihm gelingen wird, bleibt abzuwarten. Und in der Zwischenzeit versuche ich, Julie aus der Schussbahn herauszuhalten.

Kein leichter Job, wenn man bedenkt, wie dickköpfig sie sein kann. Sie lässt sich nichts sagen. Schon gar nicht von mir. Immer wieder bekomme ich von ihr zu hören, ich solle mich nicht in ihr

Leben einmischen. Kein Wunder, uns beide verbindet nur Sex. Eine lockere Affäre, so wie ich es mir von Anfang an gewünscht habe. Zumindest vor zweieinhalb Jahren, bevor ich sie das erste Mal in der Speisekammer gevögelt habe.

Jedoch hat sich in der Zwischenzeit einiges geändert. Ich bin nicht nur reifer geworden, ich kann mir auch vorstellen, Julie zu Mrs. Angelotti zu machen. Nicht heute, aber eines Tages, vielleicht. Sie ist wunderschön, intelligent und der Sex mit ihr ist der Wahnsinn.

Eigentlich könnte ich rundum zufrieden sein, wäre da nicht dieses Gefühl, Julie würde mich hintergehen . Seit knapp drei Wochen weicht sie mir aus, wenn ich sie danach frage, wann wir uns wiedersehen. Ständig hat sie irgendwelche dringenden Termine, die nicht länger warten können oder geht schnell offline, sobald ich versuche, sie über Skype zu erreichen. Sie verheimlicht mir irgendwas und wenn ich mit meinem Verdacht richtig liege, lässt sie sich hinter meinem Rücken von einem anderen vögeln. Erst vor wenigen Tagen wurde sie in einem Club mit ihrer besten Freundin Celeste gesehen.

Die Frage, wo Nino um diese Zeit war, blende ich gekonnt aus. Es ist Slades Angelegenheit, um die er sich allein kümmern muss. Schließlich ist der kleine Scheißer sein Sohn und nicht meiner. Ich weiß, wie man ein Gummi benutzt. Ganz im Gegensatz zu dem Psycho, der die brünette Schönheit gefickt hat, ohne darüber nachzudenken, welche Konsequenzen es haben könnte. Ob er daraus gelernt hat, bezweifle ich stark. Slade ist eben Slade. Immer ein bisschen drüber und trotzdem liegen ihm die Weiber zu Füßen.

Aber um den Psycho geht es hier nicht. Sondern allein um Julie, die mich eiskalt angelogen hat, nachdem ich sie gefragt habe, wo sie am Abend zuvor gewesen ist. Sie sei früh ins Bett gegangen, weil sie solche Migräne gehabt hätte. Komisch, auf den Fotos, die ich von einem meiner Männer zugespielt bekommen habe, sah das eindeutig anders aus. In ihrem hautengen schwarzen Kleid und den Overknees hat sie die halbe Nacht zusammen mit Celeste Cocktails getrunken, gelacht und getanzt.

Und sie will mir erzählen, sie sei krank gewesen? Dass ich nicht lache. Glaubt sie ernsthaft, ich bin so dämlich und schlucke ihre Lügen einfach so? Oh nein, ganz bestimmt nicht. Mir reicht es ein für alle Mal.

Es hat einen Grund, warum ich heute in diesem Flieger sitze. Ich werde zu ihr fliegen, um sie zur Rede zu stellen. Am Telefon konnte sie mir ausweichen. In Philadelphia wird sie mir nicht mehr entkommen können. Dafür werde ich höchstpersönlich sorgen.

Sie denkt, sie würde Tiago Angelotti kennen? Weit gefehlt. Nun wird sie mich richtig kennenlernen und nichts und niemand wird mich davon abhalten können. Sie will den Teufel herausfordern? Kein Problem, hier ist er.

Julie

Oh mein Gott. Ich kann den Geruch kaum ertragen, der an mir haftet. Um ehrlich zu sein, habe ich keine Ahnung, wie ich nach Hause gekommen bin, geschweige denn, wie spät es eigentlich ist. Mühsam setze ich mich im Bett auf und kneife die Augen zusammen, um die Uhrzeit zu entziffern. Vierzehn Uhr achtunddreißig. Scheiße. Es ist schon nachmittags? Fluchend werfe ich die Decke zurück und stürme ins Bad, um schnell zu duschen. Ich muss in einer halben Stunde bei meinem Chef sein. Nicht auszumalen, was passiert, wenn ich erneut zu spät komme. Innerhalb eines Monats habe ich nach einer durchzechten Nacht drei Mal verschlafen. Ein viertes Mal wird er keineswegs akzeptieren. Seine Warnung war eindeutig. Beim nächsten Mal bekomme ich die Kündigung. Und so wie es aussieht, wird das heute sein, sollte ich mich nicht beeilen. Verfluchter Mist.

Schnell ziehe ich das schwarze Kleid über meinen Kopf und werfe es achtlos auf den Boden. Ich husche unter die Dusche und seife mich ordentlich ein, um die Spuren der letzten Nacht endgültig loszuwerden. Auch wenn ich keine Zeit habe, kann ich in meinem Zustand unmöglich so aus dem Haus gehen. Ich rieche nach Alkohol und abgestandem Zigarettenrauch aus dem Club von gestern Abend. Einfach widerlich. Ich ekle mich vor mir selbst und das will schon was heißen. Mit extra viel Shampoo wasche ich meine Haare ein zweites Mal und fühle mich nach kurzer Zeit deutlich wohler als zuvor. Zufrieden verlasse ich das Bad, nachdem ich mir im Schnelldurchgang meine Zähne geputzt habe. Keine fünf Minuten später stehe ich in schwarzer

Lederhose, roter Bluse und mit hämmernden Kopfschmerzen im Flur.

Wieso habe ich Celestes Rat nicht befolgt? Sie hat gestern Abend gesagt, ich solle mir vorsichtshalber eine Tablette auf den Nachttisch legen. Wollte ich auf sie hören? Nein! Bereue ich die Entscheidung? Ja! Jedoch habe ich keine Zeit, um mir darüber Gedanken zu machen. Beim nächsten Mal nehme ich mir den Rat meiner besten Freundin zu Herzen, ermahne ich mich im Stillen und schlüpfe schnell in meine Schuhe. Den Blick in den Spiegel erspare ich mir lieber, weil ich den Anblick nicht ertragen kann, ohne Make-up das Haus verlassen zu müssen. Aber darauf kann ich heute wohl oder übel keine Rücksicht nehmen, wenn ich das Risiko nicht eingehen will, gefeuert zu werden. Bei dem Gedanken an meinen grimmigen Chef wird mir etwas flau im Magen. Ich atme tief durch, um meine angespannten Nerven zu beruhigen.

Ganz ruhig, Julie, dir bleiben noch fünfzehn Minuten Zeit. Mit der U-Bahn schaffst du das locker, mache ich mir selbst Mut und drehe mich auf dem Absatz um. Mit Elan reiße ich die Tür auf und schreie vor Schreck auf.

»Willst du mich umbringen?« Ach du Scheiße. Was macht denn Tiago hier? Gelassen lehnt er an der Wand und blickt mich mit verschränkten Armen wütend an. Ich habe keine Ahnung, wie lange er da schon steht.

»Du bist also zu Hause und ignorierst mich mit Absicht?« Seine Stimme klingt dunkel und bedrohlich. Die Augen sind zu Schlitzen verengt. Mir wird heiß und kalt. Ich kenne Tiago lange genug, um zu wissen, wie seine Laune ist. Aber dafür habe ich im Moment keine Zeit. Ich muss verdammt nochmal zur Arbeit, ansonsten hatte ich mal einen Job.

»Tiago, bitte. Wie oft denn noch? Ich ignoriere dich nicht, ich habe nur ein Leben und einen Job, der …«

Fuck. Erschrocken blicke ich schnell auf meine Uhr, um zu sehen, wie spät es eigentlich ist. Scheiße. Ich habe nur acht Minuten Zeit, bis mein Dienst beginnt und was ist? Ich stehe hier mit Tiago und lasse mich auf diese dämliche Diskussion mit ihm ein, obwohl ich längst in der U-Bahn sitzen müsste. Bin ich denn von allen guten Geistern verlassen? Wenn ich meinen Job verliere, ist es allein Tiagos Schuld. Warum muss er ausgerechnet heute hier auftauchen?

Innerlich fluchend wende ich mich schnell von ihm ab. Wütend werfe die Tür mit einem lauten Knall ins Schloss und drehe mich auf dem Absatz um. Doch mehr als zwei Schritte komme ich nicht. Noch bevor ich die Treppe hinunterlaufen kann, packt Tiago mein Handgelenk und wirbelt mich zu sich herum.

»Julie, wo willst du hin? Ich bin nicht den weiten Weg hier her gekommen, um mich wie einen Idioten von dir behandeln zu lassen!« Voller Zorn blickt er mich an. Ich sehe, wie er angestrengt schluckt und wünschte, er würde nur einmal über seinen Schatten springen, um mich zu küssen. Nur ein verdammtes Mal. Was gäbe ich dafür, seine Lippen auf meinen zu spüren?

Oh mein Gott, Julie, reiß dich zusammen. Hast du den Verstand verloren? Wie kommst du auf die Idee, er würde eine seiner eisernen Regeln brechen? Seine Worte waren eindeutig: »Die einzige Frau, die ich je küssen werde, wird meinen Namen tragen.« Bis zum heutigen Tag hat er dieses Versprechen nicht gebrochen. Nicht einmal. Dabei hatte ich gehofft, er würde seine Meinung eines Tages ändern. Aber Fehlanzeige. Der Gedanke, nichts Besonderes für ihn zu sein, tut weh. Mehr als ich angenommen hätte. Ich fühle mich verletzt und benutzt. Dabei wusste ich von Anfang an, wie die Angelottis ticken. Einer ist schlimmer als der andere. Warum sollte Tiago eine Ausnahme sein? Der Ruf der Brüder eilt ihnen voraus. Jeder weiß, dass diese Familie Unheil über die Menschen bringt. Was sie anpacken, wird zu Asche.

Ich schlucke den dicken Kloß in meinem Hals herunter, während mich Tiago stumm mustert. Angestrengt hüpft sein Adamsapfel auf und ab. Ein Schauer rieselt über meinen Rücken, als mich der Blick seiner dunklen Augen trifft. Es fehlt nicht viel und er drängt mich an die Wand. Ich sehe es ihm genau an. Nur mit Mühe hält er sich davon ab, mich an den Haaren in meine Wohnung zu zerren, um mich zu vögeln. Sex war schon immer die Art, wie er Probleme löst.

Als hätte ich mich an ihm verbrannt, weiche ich einen Schritt vor ihm zurück. Nur widerwillig lässt er meine Hand los. Sein Blick ähnelt in diesem Moment dem eines Raubtieres. Gefährlich und wütend zugleich.

»Und ich habe dich nicht gebeten zu kommen. Tiago, flieg nach Hause und lass mich bitte in Ruhe. Das mit uns war ein Fehler!« Perplex starrt er mich an. So, als könne er nicht glauben, was ich da gerade von mir gegeben habe. Dabei war jedes Wort mein voller Ernst. Niemals hätte ich einen Fuß auf das Grundstück der Villa Angelotti setzen dürfen.

Fluchtartig laufe ich die Treppen nach unten und höre, wie Tiago mir folgt. Seine Schritte hallen durch den Flur, wie die eines wütenden Tieres.

Oh mein Gott, was zur Hölle hat er vor? Panisch drehe ich mich zu ihm um und sehe die Wut in seinen Augen.

»Julie«, schreit er meinen Namen, um mich aufzuhalten. Wenn er denkt, ich würde stehen bleiben, hat er sich geirrt. Ich renne immer schneller, bis ich die Tür erreicht habe. Ich halte eine Sekunde inne und blicke ihn kurz an. Ein letztes Mal schaue ich ihn an und spüre, wie mich die Emotionen zu überwältigen drohen.

»Ich hätte mich niemals in dich verlieben dürfen«, flüstere ich unter Tränen und verschwinde ein für alle Mal. Tiago für immer Lebewohl zu sagen, ist das Schwerste, was ich je tun musste. Aber es ist das einzig Richtige, um mein Herz zu schützen.

»Julie, verdammt, so bleib doch stehen«, höre ich seine aufgebrachte Stimme in weiter Ferne. In diesem Moment zahlt es sich aus, dass ich eine begnadete Läuferin bin. All die Jahre des harten Trainings waren nicht umsonst. Im Gegenteil. Ich hänge Tiago in kürzester Zeit ab, jogge über die Straße und springe in ein Taxi.

»Fahren Sie schnell los, ich habe es eilig«, sage ich zu dem Taxifahrer und nenne ihm die Adresse meiner besten Freundin. Den Job kann ich so oder so vergessen. Seufzend lehne ich den Kopf an die kühle Scheibe und starre wie benommen auf die Straßen von Philadelphia. Ich ignoriere das Geplapper des Fahrers genauso wie den nervigen Klingelton meines Handys. Ich kann mir schon denken, wer mich da gerade anruft. Tiago Angelotti und ich weiß genau, was er von mir will. Er möchte, dass ich zu ihm zurückkomme. Männer wie er sind es gewohnt, immer ihren Willen zu bekommen. Doch dieses Mal wird es anders sein. Ich werde ihm niemals gehören.

»Miss, wollen Sie nicht ran gehen? Vielleicht ist es wichtig.« Ich schenke dem Taxifahrer ein aufrichtiges Lächeln und schüttle den Kopf. Bevor das Handy erneut zu klingeln beginnt, ziehe ich es aus meiner Hose und schalte den Ton auf stumm. Fassungslos scrolle ich über die Nachrichten, die mir Tiago in den letzten zehn Minuten geschickt hat.

Ist das sein fucking Ernst? Ich beende unsere Affäre und er stellt Forderungen an mich?

Hart lache ich auf. Dieser Mann ist einfach unglaublich. Er hat nichts begriffen. Absolut nichts. Wenn er denkt, ich würde mich von seinen Worten einschüchtern lassen, hat er sich getäuscht.

Tiago: Julie, fordere mich nicht heraus!

Tiago: Wo zur Hölle bist du?

Tiago: Wenn ich dich dabei erwische, wie du den Typen aus dem Club fickst, bringe ich ihn um!

Tiago: Du hast eine Stunde Zeit, bist du dann nicht zurück, werde ich dich holen.

Ich fasse es einfach nicht. Hat er den Verstand verloren? Was soll die dämliche Anspielung mit dem anderen Mann? Wüsste ich es nicht besser, würde ich behaupten, er wäre eifersüchtig.

Ich verdrehe die Augen und schalte mein Handy aus. So ein Idiot. In der Welt der Angelottis scheint es nur Macht, Geld und Gewalt zu geben. Droht er mir ernsthaft, einen Menschen zu töten, wenn ich Sex mit einem anderen außer ihm habe? Was stimmt denn nicht mit ihm? Ich bin nicht sein Eigentum. Wir hatten eine Affäre, nicht mehr und nicht weniger. Ist es nicht das, was er wollte? Sex ohne jegliche Verpflichtungen? Warum habe ich dann das Gefühl, ich habe meine Seele an den Teufel verkauft? Ich dachte, ich sei alt genug, um meine eigenen Entscheidungen zu treffen. Scheinbar sieht er das ein bisschen anders.

Wütend balle ich meine Hand zur Faust und atme tief durch. Hoffentlich reist er bald ab. Ich ertrage den Gedanken nicht, dass er irgendwo in meiner Nähe ist. Er sollte nicht hier in Philadelphia sein, sondern in Rom. Bei seiner Famiglia. Ich will mein Leben doch einfach nur so weiterleben wie bisher. Aber ich befürchte, diesen Gefallen wird er mir nicht tun. Wenn Tiago seine Warnung wirklich wahr macht, wird er nicht eher Ruhe geben, bis er mich gefunden hat. An jeder Ecke lauert die Gefahr und ich habe keine Ahnung, wann der Zeitpunkt gekommen ist, bis die Falle zuschnappt.

In diesem Moment weiß ich einfach nicht, was ich tun soll. Tiago ist nicht Sage oder Slade. Ob das jetzt gut oder schlecht ist, wird sich wohl erst noch zeigen. Was ist, wenn ich mich all die Zeit in ihm getäuscht habe? Am besten, ich tauche ab, bis er sich beruhigt hat. Aber ohne Job und Geld wird es schwer sein. Übelkeit steigt in mir auf. Ich atme tief durch und spüre, wie die Sicht vor meinen Augen verschwimmt.

»Stopp!« In allerletzter Sekunde hält der Fahrer am Seitenstreifen. Schnell reiße ich die Tür auf und übergebe mich auf den Bürgersteig. Direkt vor dem Haus meiner besten Freundin. Doch wenn ich dachte, schlimmer könne es nicht werden, habe ich mich erneut geirrt. Genau in dem Moment, in dem der Taxifahrer zu würgen beginnt, kommt Celeste mit Nino aus dem Haus, in dem sie wohnt. Und sie ist nicht allein.

Fuck. Direkt neben ihr steht Tiago, der mir ein diabolisches Grinsen schenkt.

Dieser Wichser. Er wusste genau, ich würde zu ihr gehen. Ich bin so dumm. Warum bin ich nicht in den nächsten Flieger gestiegen, um auf schnellstem Weg das Land zu verlassen?

Angepisst blicke ich zu dem Taxifahrer und reiche ihm das Geld für die Fahrt. »Es tut mir leid, Miss. Ich kann das nicht sehen«, bringt er mühsam heraus und blickt auf die Pfütze auf dem Boden. Ich nicke ihm verständnisvoll zu und mache einen großen Schritt zur Seite. Schnell springt er in sein Taxi und verschwindet mit quietschenden Reifen. Der Arme hat es wirklich eilig. Kurz muss ich schmunzeln. Mein Magen rebelliert noch immer, doch darauf kann ich gerade keine Rücksicht nehmen. Hoch erhobenen Hauptes gehe ich auf Celeste zu, die mich grinsend ansieht.

»Harte Nacht?« Wieso wusste ich, sie würde auf Tiago anspielen? Nur sieht die Wahrheit ganz anders aus. Ich hatte keinen Sex mit ihm. Und das wird auch so bleiben. So lange, wie ich lebe, werde ich nicht mehr mit ihm schlafen. Mein Herz habe ich schon an ihn verloren. Den letzten Funken Würde würde ich gerne behalten. Es ist das Mindeste, was ich tun kann, um mir meinen Stolz zu bewahren.

»Bonjour, Celeste«, begrüße ich sie in unserer Muttersprache. Ich bin froh, dass Tiago diese Sprache nie gelernt hat. Einen Vorteil, den ich mir nun zu Nutze mache. Innerhalb weniger Minuten habe ich meiner Freundin erklärt, warum ich bei ihr bin. Aus großen Augen starrt sie mich an. Ich nicke ihr kurz zu, um ihr zu verstehen zu geben, dass ich okay bin. Ich höre, wie sie erleichtert aufatmet, als ich mich an Tiago wende.

»Was willst du noch hier?«

»Du weißt genau, was ich will. Dich … und ich werde nicht eher Ruhe geben, bis du mir gehörst!»

Ist das zu fassen? Der Typ ist doch krank.

»Tiago Angelotti, ich werde dir niemals gehören. Du bist kalt wie die Antarktis, neben dir wird jeder noch so liebevolle Mensch zu einem gefühlskalten Egoisten. Glaub mir, lieber würde ich sterben, als mich auf dich einzulassen«, sage ich aufgebracht und blende Celestes fragenden Blick aus. Sie weiß, wie sehr ich diesen Mann vergöttere. Kein Wunder, dass sie auf meine Worte so überrascht reagiert.

»Ich liebe dich!«

Was zur Hölle? Soll das ein Witz sein? Seit drei Jahren habe ich auf diesen Moment gewartet und ausgerechnet jetzt will er mir weismachen, er hätte Gefühle für mich? Wie albern ist das bitte?

»Dann küss mich!«

»Hier?«

»Ja! Warum nicht?«, fordere ich ihn heraus und sehe, wie er angestrengt schluckt. Ich wusste, er belügt mich. Von wegen Liebe. Dieser Mann weiß noch nicht einmal, wie man dieses Wort schreibt. Jetzt habe ich ihn genau da, wo ich ihn haben wollte. Er weicht mir aus und blickt zu Nino, der leise zu weinen beginnt. Es wird Zeit, der Farce ein Ende zu setzen.

»Tu uns beiden einen Gefallen und flieg zurück nach Rom. Wir hatten eine Menge Spaß, aber nun ist es vorbei.«

»Tesoro!«

Ich schüttle den Kopf und lasse ihn wortlos stehen.

»Es ist also wirklich vorbei?«, ruft er mir hinterher.

»Ja, Tiago. Es ist vorbei.« Er nickt mir kurz zu. Einen Moment befürchte ich, er stürmt gleich auf mich zu. Doch nichts dergleichen tut er. Er schiebt seine Hände in die Hosentaschen und mustert mich von oben bis unten. Es fehlt nicht viel und ich breche in Tränen aus. Dieser Schmerz tief in meinem Herz ist nicht von dieser Welt. Ich liebe Tiago und vermutlich wird sich ein Teil von mir immer nach ihm sehnen. Aber ich muss lernen, all das hinter mir zu lassen, um ihn zu vergessen.

»Solltest du mich irgendwann brauchen … Ruf mich an.« Es sind die letzten Worte, die er zu mir sagt, bevor er sich umdreht und verschwindet. Drei Jahre war dieser Mann der Mittelpunkt meines Lebens. Ihm für immer Lebewohl zu sagen, bricht mir das Herz. Aber ich weiß, es ist für uns beide das Beste, wenn wir von nun an getrennte Wege gehen.

Tiago

Es hat seinen Vorteil, dass Sage noch immer ein paar Clubs in Philadelphia besitzt. Natürlich weiß niemand davon, weil sie offiziell verkauft wurden. Nur unsere Familie und Jimmy wissen, wie es wirklich ist, und das ist auch gut so. Ich kann mir kaum vorstellen, wenn Julie und Celeste die Wahrheit kennen würden, dass sie ausgerechnet in diesen Club gekommen wären, um etwas Spaß zu haben.

Schluckend starre ich auf ihre wiegenden Hüften, die sich zum Takt der Musik bewegen. Wie gerne würde ich jetzt hinter Julie stehen, um sie zu berühren. Ich liebe das Gefühl ihres prallen Hinterns an meinem Schwanz. Fuck. Allein die Vorstellung lässt mich hart werden. Es fehlt nicht viel und ich stürme zu ihr nach unten, um dem Vollpfosten neben ihr eine Lektion zu erteilen.

Knurrend kralle ich mich an dem Geländer fest und schlucke den dicken Kloß in meinem Hals herunter. Wieso benimmt sich Julie wie eine dahergelaufene Hure? Hat sie es wirklich so nötig? Wütend und fassungslos zugleich lasse ich sie keine Sekunde aus den Augen. Wenn der Pisser es wagt, seine Hand auf ihren Hintern zu legen, ist er tot. Niemand berührt das Eigentum von Tiago Angelotti. Und Julie Dubois ist genau das. MEIN! Ob es ihr passt oder nicht, sie gehört mir. Obwohl es mir nicht leichtgefallen ist, ihre Entscheidung zu akzeptieren, unsere Affäre zu beenden, musste ich es tun. Zumindest nach außen hin, um kein Aufsehen zu erregen. Wenn sie denkt, sie könne mir entkommen, hat sie sich geirrt. Ich bin ihr dicht auf den Fersen und warte nur darauf, bis sie einen Fehler macht. Irgendwann schnappt die Falle zu, davon bin ich felsenfest überzeugt.

Ich atme tief durch, um meine Nerven zu beruhigen.

Aber egal, wie sehr ich mich auch bemühe, es gelingt mir nicht. Wütend schnappe ich mir den Whiskey, den mir die Bedienung gerade gebracht hat. Mit einem Zwinkern bedanke ich mich bei ihr und stürze den Shot herunter. Mit einem selbstgefälligen Grinsen blickt sie mich herausfordernd an. Sündhaft leckt sie über ihre Lippen und ich weiß genau, was sie jetzt denkt. Tiago Angelotti ist leichte Beute. Wenn sie sich da mal nicht täuscht.

Grinsend schüttle ich den Kopf und erteile ihr eine klare Abfuhr. Mein Schwanz gehört Julie. Niemals würde ich so eine Frau vögeln, die für jeden dahergelaufenen Wichser die Beine breit macht. Wäre ich an einem Fick interessiert, müsste ich sie sicher nicht zweimal darum bitten. Aber darauf kann sie lange warten. Sie ist einfach nicht mein Typ. Niemand ist das, außer Julie. Mit ihren weizenblonden Haaren und den fast schwarzen Augen hat sie etwas, was den meisten Weibern hier fehlt. Stil.

Genervt wende ich den Blick von der Kleinen ab und

suche in der tanzenden Menge nach der Frau, für die ich alles tun würde. Ich brauche eine Weile, bis ich sie an der Bar neben einem Typen entdecke. Ist das etwa der Kerl von vorhin? Mit zugekniffenen Augen starre ich auf den Pisser, der seine Hand etwas oberhalb an Julies Rücken legt. Du elender Bastard …

Angepisst ziehe ich mein Handy aus meiner Hosentasche und wähle die Nummer von Jimmy. Es dauert nur eine Sekunde, bis er abnimmt, nachdem sein Blick in meine Richtung geht. Ich kann regelrecht spüren, wie er mich ansieht, obwohl er gar nicht weiß, wo ich gerade bin. Alles liegt in Dunkelheit und das hat seinen Grund. Ich will von niemanden gesehen oder gestört werden.

»Was kann ich für dich tun?«, meldet sich Jimmy. Er kommt sofort zum Punkt. Perfekt, genau so soll es sein. Ich hasse Leute, die dich fragen, wie es dir geht, was du gerade machst oder wann du das letzte Mal scheißen warst, obwohl sie was ganz anderes von dir wollen. Ich werde wohl nie verstehen, wieso es solche Heuchler gibt.

»Siehst du die kleine Blondine mit dem Typen im Anzug an deiner Bar?« Meine Frage überrascht Jimmy nicht im Geringsten, wie mir seine Antwort beweist.

»Ja. Ich nehme an, ich soll ihn loswerden?« Sein Lachen hallt durch den Hörer. So ein Wichser. Er muss das Ganze hier reichlich amüsant finden. Kein Wunder, schließlich ist es heute Abend nicht mein erster Anruf. Seit Stunden sitze ich in dem dunklen Separee und passe darauf auf, dass niemand Julie zu nahe kommt. Und wenn doch, sorge ich dafür, dass die Typen unbemerkt aus dem Club verschwinden.

»Du kennst die Antwort!«, brumme ich zustimmend und beende das Gespräch mit Jimmy, damit er sich an die Arbeit machen kann. Mit einem zufriedenen Grinsen verschränke ich meine Arme vor der Brust und beobachte Giovanni, wie er sich um das Problem kümmert. Mit einem festen Griff schnappt er sich den Typen und bringt ihn nach draußen. Sehr zum Missfallen von Julie, die beinahe in einen handfesten Streit mit einem unserer Security-Männer gerät, der bei ihr steht.

Ich fasse es nicht. Warum kann sie nicht einmal ihren Mund halten? In diesem Moment sehe ich Bailee und Sage bildlich vor mir, wie sie sich streiten. So langsam habe ich das Gefühl, meine Schwägerin färbt auf Julie ab. Warum zum Teufel legt sie sich mit einem unserer Männer an? Ist sie lebensmüde? Oder sehnt sie sich nach dem Tod? Weiß sie denn nicht, wie gefährlich das ist? Und wo ist die schüchterne Französin von damals? Es scheint so, als wäre sie ein anderer Mensch geworden, seit ich sie vor drei Jahren das erste Mal in unserer Speisekammer gevögelt habe.

Ich erinnere mich noch genau an den Tag, an dem sie mit roten Wangen vor mir stand, weil ich auf die Knie ging, um ihre Pussy zu verwöhnen. Dieses heisere »Oui«

ist nach wie vor Musik in meinen Ohren. Ich brauche nur die Augen zu schließen und sehe sie deutlich vor mir. Wie sie nackt in meinem Bett liegt und sich von ihrem Orgasmus erholt. Wunderschön und sinnlich. Wie sehr ich dieses Gefühl vermisse, neben ihr zu liegen und sie zu berühren. Ihre Haut an meiner zu spüren, während ich ihrem Atem lausche und ihr tief in die Augen blicke.

Mit ihr an meiner Seite war ich zum ersten Mal glücklich in meinem Leben. Warum habe ich nicht gemerkt, wie sehr ich diese Frau liebe? Die ganze Zeit über war ich zu blind, um es zu sehen. Im Gegensatz zu Lion. Kaum zu glauben, aber wirklich wahr. Er hat mich bereits vor einigen Monaten durchschaut und mir mehr als einmal den Kopf gewaschen. Wollte ich auf ihn hören? Nein! Und das wird mir nun zum Verhängnis. Hätte ich seine Worte doch nur ernst genommen.

»Wenn du ihr nicht irgendwann sagst, was du für sie

empfindest, wirst du sie verlieren.« Ach Fuck, warum muss Lion nur immer recht behalten? Der Typ scheint ein echter Frauenversteher zu sein. Nur bei ihm selbst klappt es nicht. Seit Jahren ist er Single und vögelt eine Frau nach der anderen, ohne sich an sie zu binden. Sex sells. Ein bisschen seltsam ist das schon oder nicht?

Als hätte er meinen Gedanken gehört, klingelt mein Telefon. In dicken schwarzen Lettern steht sein Name auf meinem Display und ich nehme das Gespräch widerwillig an.

»Wenn du anrufst, um zu fragen, wie es mit Julie gelaufen ist, hättest du dir das sparen können«, begrüße ich meinen Bruder. Ich kann mir genau vorstellen, wie er gerade schmunzelt.

»Buongiorno, Tiago. Ich nehme an, du hast es gründlich versaut«, erwidert er sarkastisch. So ein Arschloch. Warum gibt er mir die Schuld? Er hat doch keine Ahnung.

»Bastardo«, murre ich angepisst und blicke zu der Bar, an der bis vor einer Minute noch Julie stand. Doch jetzt fehlt jede Spur von ihr. Genauso wie von Celeste.

Fuck, fuck, fuck. Wo zur Hölle sind die beiden? Ob sie nach Hause gegangen sind? Ich kann es nur hoffen. Warum habe ich diesen beschissenen Anruf angenommen?

Wütend auf mich selbst, schnappe ich mir meine Lederjacke, um von hier zu verschwinden. Julie und Celeste müssen hier doch noch irgendwo sein. Vielleicht sollte ich zuerst auf dem Klo nachsehen, überlege ich eine Sekunde und renne beinahe in Gino rein, der mich perplex anschaut.

»Mr. Angelotti?« Mit einem Nicken grüße ich den kleinen Pisser und dränge mich an den Leuten vorbei, während Lion noch immer am Telefon ist und auf mich einredet. Holt er irgendwann auch mal Luft? Ich warte nur auf den Augenblick, damit ich ihn endlich abwürgen kann. Wäre ich Sage, hätte ich längst aufgelegt. Stattdessen höre ich nur mit einem halben Ohr zu, was mein Bruder zu sagen hat.

»… und ich habe dir gesagt, du sollst mit offenen Karten spielen!« Was? Wovon redet er da? Ob er Julie meint? Ich habe keine Zeit, mir seine Vorwürfe anzuhören.

»Lion, lass uns später telefonieren, okay?«, sage ich noch schnell und lege auf. Vor den Türen des Weiberklos ist niemand zu sehen. Gerade als ich mich abwenden will, kommt mir Celeste entgegen und sieht mich verwundert an.

»Tiago? Was machst du denn hier?«

»Wo ist Julie?«

»Was? Ich dachte, sie hat dir gesagt, dass es aus ist?«

Knurrend ziehe ich sie zur Seite. Die Blicke der anderen Frauen blende ich gekonnt aus und frage mit drohender Stimme: »Wo zur Hölle steckt Julie?«

Zischend holt Celeste Luft und blickt zu der Tür, aus der sie gerade gekommen ist. Sie ist da drin? Mit einem Nicken wende ich mich von ihr ab.

»Tiago, tue das nicht, bitte«, brüllt sie mir hinterher, weil sie sieht, wie ich auf die Tür zugehe.

»Warum?«, erwidere ich fragend und sehe, wie sie meinem Blick ausweicht. Was auch immer sie mir verheimlicht, ich werde es selbst herausfinden. Mit einem Ruck reiße ich die Tür auf und höre von Weitem ein leises Stöhnen. Gefolgt von einem »Oui!«

Fuck. Sag mir nicht, Julie vögelt irgendeinen Typen auf dem Klo. Ich verpasse der Tür einen Tritt und verriegle sie von innen. Langsam schlage ich die Ärmel meines weißen Hemdes nach oben und gehe in die Richtung, aus der die Sexgeräusche kommen. Immer wieder werfe ich einen Blick zu den Toiletten. Doch zum Glück ist niemand hier. Vor der letzten Tür halte ich inne und ziehe meine Waffe aus dem Hosenbund in meinem Rücken. Es ist die einzige Tür, die verschlossen ist. Was für eine Überraschung. Nicht! Ich pfeife die Melodie des Todes und entsichere mein kleines Spielzeug mit einem Klick.

»Scheiße«, höre ich die Stimme von Julie. Ich wusste, sie ist hier und sie ist nicht allein. Hektisches Rascheln von Kleidung und ein sich schließender Hosenstall sind Antwort genug. Wollte sie sich tatsächlich wie eine Hure von irgendeinem fremden Typen auf dem Klo ficken lassen? Unfassbar.

»Julie, mach die Tür auf!«, fordere ich sie wütend auf.

»Tiago? Was zur Hölle willst du hier?«, blafft sie ungehalten und entlockt mir beinahe ein Lachen. Ist das nicht offensichtlich, warum ich hier bin? Ich werde niemals zulassen, dass ein anderer sie fickt. Ihre Pussy gehört mir und wer es wagt, einen Finger an sie zu legen, wird mit seinem Leben dafür bezahlen.

»Geh zur Seite«, warne ich sie halbherzig vor und trete

die Tür ein. Schreie durchbrechen die Stille, doch mein Fokus liegt nur auf dem Typen, der neben Julie steht. Fassungslos starrt er mich aus großen Augen an, Schweiß perlt von seiner Stirn und ich rechne schon damit, dass er sich jeden Augenblick in die Hose macht. Was für ein Weichei.

»Wenn du deinen Schwanz in ihrer Pussy hattest, bringe ich dich um«, sage ich kalt. Ich sehe, wie er angestrengt schluckt. Die Angst steht ihm regelrecht ins Gesicht geschrieben. Vermutlich ist er es nicht gewohnt, dass jemand eine Waffe auf ihn richtet. Hätte er einen Bruder wie Sage, sähe das ganz anders aus.

»Tiago, lass den Mist. Steck die blöde Knarre weg und verschwinde. Ich dachte, du würdest meine Entscheidung akzeptieren«, reißt mich Julies wütende Stimme aus den Gedanken. Ich ziehe warnend eine Augenbraue nach oben.

»Tesoro, du bewegst dich auf verdammt dünnem Eis.

Es wäre besser, wenn du jetzt schweigst, sonst muss dein kleiner Freund dran glauben …« Grinsend nicke ich zu dem Typen, der scharf die Luft einzieht.

»Das wagst du nicht!«, krächzt sie ungläubig. Will sie mich etwa herausfordern? Nichts lieber als das.

»Ich bin vielleicht nicht Sage, aber ich bin ein Angelotti und wir halten unsere Versprechen. Immer!« Ich werfe ihr einen eiskalten Blick zu und drücke ab. Leblos sackt der Pisser auf den Boden, während sie mich fassungslos anstarrt. Tränen kullern über ihre Wangen und wischen das Blut aus ihrem hübschen Gesicht fort. Selbst im Tod klebt der Wichser noch auf ihrem Körper. Ist das zu fassen?

Wütend verpasse ich dem Leichnam einen Tritt und entsichere anschließend die Waffe, um sie wieder einzustecken. Innerhalb von Sekunden habe ich sie an ihrem Platz in meinem Rücken verstaut, bevor ich Julie tadelnd ansehe.

»Ich habe dich gewarnt, Tesoro. Fickst du einen anderen, stirbt er.«

Julie

Seit Tagen hocke ich in Celestes Wohnung, um die Bilder aus dem Club zu vergessen. Ich hatte gedacht, Tiago wäre anders. Aber scheinbar habe ich mich in ihm getäuscht. Er ist kein Deut besser als seine Brüder Sage oder Slade. Er ist einer von ihnen und nun habe ich am eigenen Leib erfahren, wie skrupellos er sein kann.

Wäre ich nicht gewesen, könnte Timothy noch leben. Die Bilder, wie er leblos zu Boden sackt, verfolgen mich Nacht für Nacht in meinen Träumen. Wie er mich aus toten Augen anstarrt, während sein Blut an mir klebt. Er wird nicht mehr nach Hause zurückkehren, weil er meinetwegen gestorben ist.

Aber davon wird seine Mom niemals erfahren.

Niemand wird das. Denn ich kenne Tiago und seine Familie lange genug, um zu wissen, wie sie sich solcher Probleme entledigen. Der Leichnam wird den Haien zum Fraß vorgeworfen und keine Menschenseele wird je danach fragen, was an diesem Abend passiert ist. Ich will mir nicht mal annähernd vorstellen, was seine Familie durchmacht. Diese Ungewissheit muss schrecklich sein.

Schniefend wische die Tränen von meinen Wangen und blicke zu meiner besten Freundin, die mich mitleidig ansieht. Seit meiner Kindheit ist sie immer an meiner Seite und das hat sich bis heute nicht geändert. Wäre sie ein Typ, würde ich sie vom Fleck weg heiraten. In ihr habe ich die Schwester gefunden, die ich niemals hatte.

»Comment allez-vous, wie geht es dir?«, fragt Celeste sanft und nimmt mich fest in den Arm. Ich weiß nicht, was ich darauf antworten soll. Meine

Gedanken drehen sich seit Tagen nur um Tiago. Wie konnte ich so dumm sein, ihm zu vertrauen? Und wieso habe ich geglaubt, er würde meine Entscheidung respektieren? Er wird jeden umbringen, der mir zu nahe kommt. Seine Warnung war eindeutig. Umso eher ich das begreife, desto besser. Schniefend löse ich mich von Celeste und atme tief durch.

»Ich kann nicht vergessen, was er getan hat«, gestehe ich ihr unter Tränen. Zaghaft nickt sie mir zu und reicht mir ein Glas Wein. Die rote Flüssigkeit schwappt hin und her und ich sehe fasziniert dabei zu, bis mich Celestes Frage aus den Gedanken reißt.

»Tiago ist ein Angelotti, hast du ernsthaft erwartet, er würde dich einfach in Ruhe lassen?« Überrascht blicke ich zu meiner Freundin. Will sie mir etwa sagen, dass der Mord von Timothy meine

Schuld ist? Das kann sie unmöglich ernst meinen. Aus großen Augen starre ich sie wie benommen an und schüttle den Kopf.

»Ich wollte das nicht«, flüstere ich heiser. Schnell schlucke ich den Kloß in meinem Hals herunter und stelle das Glas mit einem dumpfen Knall zurück auf den Tisch. Nur mit Mühe kann ich mich davon abhalten vom Sofa aufzuspringen, um aus ihrer Wohnung zu flüchten. Wütend blicke ich zu meiner besten Freundin, die leise seufzt.

Egal, was jetzt kommt, ich bin mir sicher, es wird mir nicht gefallen. So sehr ich Celeste auch liebe, ihre Ideen haben meistens einen Haken. Wie oft hat sie mich schon in Schwierigkeiten gebracht, weil sie dachte, es wäre zu meinem Besten? Warum soll das dieses Mal anders sein? Vorsichtig blicke ich in ihre dunklen Augen und mache mich auf alles gefasst.

»Julie, du weißt, wie ich das meine. Wenn du

Tiago Angelotti tatsächlich entkommen willst, musst du dir was anderes überlegen«, erwidert sie streng. Wie bitte? Ich habe keine Ahnung, was sie meint.

»Und wie soll ich das anstellen? Ich habe nicht genügend Geld, um auszuwandern«, sage ich genervt. Amüsiert schüttelt sie den Kopf und trinkt ihren Wein auf Ex aus.

Oh mein Gott. Ich hoffe nur, sie kotzt sich später nicht die Seele aus dem Leib. Und wenn doch, werde ich für sie da sein, so wie sie für mich in all den Jahren. Ich spüre den Anflug eines Lächelns auf meinen Lippen und vergessen ist die Wut auf Celeste.

»Warte eine Minute, ich bin gleich wieder da«, kichert sie leise und lässt mich mit gemischten Gefühlen zurück. Seufzend lehne ich mich tiefer ins Sofa und schließe müde die Augen.

»Hey Schlafmütze, du verpasst ja den ganzen

Spaß«, tadelt mich meine Freundin und ich sehe sie erschrocken an. Beinahe wäre ich eingeschlafen. Kein Wunder nach der letzten Nacht. Stundenlang habe ich mich hin und her gewälzt, bis ich es irgendwann aufgegeben habe. Gähnend setze ich mich auf und blicke auf den Laptop in Celestes Hand. Und das soll ihre Lösung für all meine Probleme sein? Ich weiß ja nicht.

»Was hast du vor?«, frage ich neugierig und trinke einen großen Schluck Wein, um auf andere Gedanken zu kommen. Ohne Alkohol ertrage ich das heute nicht.

»Nicht so ungeduldig, mon petit, meine Kleine«, erwidert sie frech mit einem Zwinkern. Lachend schüttle ich den Kopf. Ich und ungeduldig? Niemals. Wir wissen doch beide, wie es wirklich ist. Sanft lächle ich vor mich hin und beobachte Celeste dabei, wie sie den Laptop hochfährt. Es dauert nur wenige Minuten, bis sie scheinbar das gefunden hat, wonach sie gesucht hat. Triumphierend sieht sie mich an und kommt direkt zum Punkt.

»Sagt dir der Name Emilio Catalano was?« Ich überlege einen kurzen Moment. Emilio Catalano? Ist das nicht der Nachfolger von Sage Angelotti? Der neue Don von Philadelphia? Er regiert seit einem Jahr die Unterwelt und wenn ich den Gerüchten Glauben schenken darf, ist er auf der Suche nach einer Frau. Der gebürtige Italiener sieht gut aus, keine Frage. Aber er ist auch dafür bekannt, skrupellos und gefährlich zu sein. Ich muss nur eins und eins zusammenzählen und weiß genau, worauf Celeste aus ist. Ich soll Emilio kennenlernen, damit mich Tiago ein für alle Mal in Ruhe lässt. Ist sie denn von allen guten Geistern verlassen?

»Oh nein, vergiss es. Egal, was es ist, denk nicht mal dran«, weise ich sie resolut in die Schranken. Ich kann nicht glauben, was sie mir da gerade vorschlägt. Ich soll also den einen Psycho gegen einen anderen austauschen? Klingt verlockend. Nicht!

»Bist du verrückt geworden?« Fassungslos starre ich auf den Bildschirm und überfliege den Text, der dort steht. Ich brauche eine ganze Weile, um zu verstehen, was das zu bedeuten hat. Heilige Scheiße. Wie zur Hölle kommt sie an sowas?

Herzlich willkommen in meiner dunklen Welt, kleine Elfe.

Wenn ich dein Interesse geweckt habe, die zukünftige Mrs. Catalano zu werden, solltest du dir die Gelegenheit nicht entgehen lassen, an meiner Brautversteigerung teilzunehmen. Unter tausend Schönheiten werde ich die Eine wählen. Bist du mutig genug? Dann komm vorbei und stell dich dem Don von Philadelphia.

Soll das etwa heißen, er kauft sich eine Braut? Oh mein fucking Gott. Fassungslos starre ich auf die goldverzierte Einladung auf dem Bildschirm, während Celeste mich aufmerksam mustert. Aus zusammengekniffenen Augen blicke ich sie fragend an.

»Woher hast du das?«, zische ich leise. Sichtlich unwohl rutscht sie auf ihrem Hintern hin und her. Will sie mir etwa ausweichen?

»Celeste, entweder du sagst mir, was das ist, oder ich gehe auf der Stelle!« Warnend sehe ich sie an. Doch von Einsicht keine Spur. Denkt sie ernsthaft, ich würde mich auf diesen Mist einlassen, ohne dass ich weiß, worum es geht? So naiv kann sie nicht sein. Kopfschüttelnd stehe ich auf und merke, wie

sie mich an meinem Arm berührt.

»Slade hat mir vielleicht ein paar Dinge gezeigt, von denen du nichts weißt«, sagt sie entschuldigend.

Ganz offensichtlich. Und ich weiß nicht, ob mir das gefällt.

Hat er denn nicht schon genug Schaden angerichtet? Erst hat er sie geschwängert und anschließend allein gelassen. Ausgerechnet in dem Moment, in dem sie ihn am dringendsten gebraucht hätte. Ohne Sages finanzielle Hilfe würde sie auf der Straße leben, dabei sieht man auf dem ersten Blick, wessen Sohn Nino ist. Er ist ein waschechter Angelotti. Eine Miniversion von Slade. Selbst ein Blinder würde sehen, dass er der Dad ihres Babys ist. Nur der Typ, der seinen Schwanz in ihre Pussy geschoben hat, streitet alles ab. Unfassbar. Es wundert mich also nicht im Geringsten, dass Slade hinter all dem steckt.

»Was soll das heißen, er hat dir Dinge gezeigt, von denen ich nichts weiß? Ist das überhaupt legal?« Hilflos zuckt sie mit den Schultern. Oh mein Gott. Wo bin ich hier nur rein geraten? Seufzend lasse ich mich aufs Sofa fallen und schnappe mir die Flasche Wein. Ein Glas ist viel zu wenig, um das hier auszuhalten. Ich wusste, Celestes Ideen haben einen Haken. Aber das hier? Übertrifft irgendwie alles bisher Dagewesene. Ich kann einfach nicht glauben, dass sie denkt, ich würde dabei mitmachen. Schockiert trinke ich einen großen Schluck, um meine angespannten Nerven zu beruhigen. Eine Brautversteigerung. Soll das ein Witz sein?

»Ich kann das nicht, Celeste«, sage ich nach einer Weile des Schweigens. Mit einem Nicken schließt sie den Laptop und nimmt mein Gesicht in ihre Hände.

Ihr sanfter Blick trifft mich mitten ins Herz. Warum sieht sie mich so an?

»Julie, du weißt so gut wie ich, dass Tiago jeden Typen umbringen wird, der in deine Nähe kommt. Welche Wahl hast du denn, wenn du nicht für immer Single bleiben möchtest?« Ihre Worte bringen mich zum Nachdenken. Ich weiß, sie will mir nur helfen. Aber doch nicht so.

»Du meinst das ernst, oder?« Zaghaft nickt sie. Scheiße, was soll ich denn nur tun? Ich weiß, sie hat recht. Tiago wird nicht eher Ruhe geben, bis er seinen Willen bekommt. Er ist wie sein Bruder Sage, er will eine Frau besitzen, um angesehen zu werden. Dabei wissen wir beide, dass er mich nicht liebt, und daran wird sich auch nichts ändern. Würde er es tun, hätte er mich längst geküsst. Ich muss endlich begreifen, dass Tiago Angelotti mich niemals so lieben wird wie ich ihn. Schweren Herzens fasse ich einen Entschluss. Celeste hat Recht. Diese Einladung ist vielleicht genau das, was mir helfen könnte, für immer von ihm loszukommen. Die Frage ist nur, ob ich dazu bereit bin. Mutiger als ich mich fühle, schnappe ich mir den Laptop und lese den Text etwas gründlicher.

»Und?«, fragt Celeste nach einer Weile und blickt mich vorsichtig an.

»Okay, ich bin dabei. Aber unter einer Bedingung …«, sage ich streng, weil ich ihr genau ansehen kann, wie sehr sie sich freut. Dieses kleine Biest wusste von Anfang an, ich würde mich auf ihren dummen Vorschlag einlassen. So wie jedes Mal. Warum bin ich nicht gleich abgehauen, als ich noch die Gelegenheit dazu hatte?

»Egal, was es ist. Ich bin dabei«, sagt sie im Brustton der Überzeugung. Sie will nicht mal wissen, worum es geht? Nun bin ich diejenige, die diabolisch grinst.

»Ich freue mich auf unseren gemeinsamen Abend und wenn er dich auswählt, mache ich gerne ein Foto für Slade«, kichere ich amüsiert.

»Du machst Witze«, sagt sie schockiert. Grinsend schüttle ich den Kopf und kippe ihr großzügig etwas Wein nach. Ich bin mir sicher, sie kann einen ordentlichen Bordeaux gebrauchen, damit sie die Nerven nicht verliert. Von Sekunde zu Sekunde wird sie immer blasser. Jetzt weiß sie wenigstens, wie ich mich fühle. Obwohl ich mir äußerlich nichts anmerken lasse, geht mir der Arsch auf Grundeis. Emilio Catalano ist einer der größten Mafiabosse des Landes. Es wäre besser, auf schnellstem Weg die Flucht zu ergreifen. Doch ich befürchte, dafür ist es nun zu spät.

»Bravo, ma chérie, Prost, mein Schatz«, bemerke ich trocken und nippe an meinem Glas Rotwein, um ihr nicht zu zeigen, wie nervös ich bin. Völlig in Gedanken versunken male ich mir aus, wie ich Emilio Catalano gegenübertreten soll. Ich hoffe, er sieht genauso gut aus, wie die Medien immer berichten. Nicht auszumalen, wenn er ein kleiner und dickbäuchiger, alter Sack wäre, der auf der Suche nach einer Frau ist. Aber viel wichtiger ist doch, ob es sowas wie einen Dresscode gibt? Fragend blicke ich zu Celeste, die gedankenverloren in ihr Weinglas starrt. Mein Mitleid hält sich in Grenzen. Schließlich war es ihr Vorschlag, zu der Brautversteigerung zu gehen, nicht wahr?

»Was sollen wir eigentlich anziehen?« Irritiert blickt meine beste Freundin mich an, als wüsste sie nicht, worüber ich gerade spreche. Kichernd schüttle ich den Kopf.

»Catalanos Ball?«, sage ich zur Erinnerung.

»Ach ja, richtig. Ich glaube, da stand irgendwas von einem schwarzen Abendkleid und einer Maske«, beantwortet sie mir meine Frage, die mich kein Stück weiterbringt. In meinem Kleiderschrank habe ich weder das eine noch das andere. Mist.

Tiago

Ich kenne mich seit meiner Kindheit mit Schmerz aus. Aber nichts hat mich darauf vorbereitet, wie es mir ergehen würde, wenn Julie mich endgültig verlässt. Ich brauche sie wie die Luft zum Atmen. Warum habe ich das nicht eher begriffen? Erst als es zu spät war, habe ich ihr notgedrungen meine Gefühle gestanden. Und ganz ehrlich, ich weiß nicht, ob es eine Kurzschlussreaktion war. In einer Welt voller Kälte und Gewalt habe ich mehr Angst vor der Liebe als vor einer geladenen Waffe. Ich kenne mich nicht damit aus und trotzdem will ein winziger Teil von mir genau das. Geliebt werden, von der Frau, die niemals an mir gezweifelt hat. Wenn ich gefallen bin, war sie da, um mich aufzufangen. In all den Jahren habe ich das als selbstverständlich angesehen. Doch das war der größte Fehler in meinem Leben. Sie ist genau die Frau, nach der ich verzweifelt gesucht habe, obwohl ich sie längst hatte. Wäre ich nicht so feige gewesen, könnte sie nicht nur meinen Ring an ihrem Finger tragen, sondern auch den Namen Angelotti. Dann müsste ich mir keine Gedanken machen, wo sie ist oder ob sie einen anderen fickt.

Stattdessen würde sie jetzt neben mir im Bett liegen und mich mit ihren schwarzen Augen sanft mustern, so wie sie es immer getan hat. Ich vermisse Julies warme Haut, ihr heiseres Stöhnen und den Duft von Zitronen, der ständig an ihr haftete. Seit sie nicht mehr bei mir ist, spüre ich eine unbändige Wut in mir, die ich mit Worten kaum beschreiben kann.

Nur mit Mühe kann ich mich davon abhalten, in den nächsten Club zu gehen und irgendeinen dämlichen Wichser umzulegen. Ganz egal, wer es ist. Ich will Blut sehen. Eine Menge Blut und das nur, weil ich Julie nirgends finden kann. Irgendwo muss sie doch sein und ich bin mir sicher, ihre kleine Freundin steckt mit ihr unter einer Decke. So wie immer. Irgendwas haben die beiden geplant und ich verwette mein linkes Ei darauf, es wird mir nicht gefallen. Dafür kenne ich sie gut genug. Es wäre schließlich nicht das erste Mal, dass sie für Ärger sorgen. Wo Celeste und Julie sind, ist das Chaos nicht weit entfernt. Sie scheinen es magisch anzuziehen, wie die Motten das Licht. Ich sollte auf alles gefasst sein. Obwohl Sage will, dass ich meine Tasche packe und nach Rom zurückkehre, kann ich es nicht tun. Nicht, bis Julie mit mir kommt, um Mrs. Angelotti zu werden. Ich liebe diese Frau und ich werde sie niemals aufgeben. Eher friert die Hölle zu.

Wütend balle ich meine Faust und blicke auf die Tattoos auf meinen Fingern. Mafia und Rules. Mein ganzes Leben habe ich danach gelebt, ich kenne nichts anderes. Waffen, Deals, Blut und Gewalt. Doch seit Sage beinahe draufgegangen ist, hat sich vieles verändert. Er hat sich verändert. Für seine Frau Bailee und seine Töchter Stella, Aurora und Alessandra. Manchmal frage ich mich ernsthaft, ob ich eines Tages auch an dem Punkt sein werde, an dem Sage längst ist. Angekommen, glücklich und zufrieden, mit der Frau, die er über alles liebt. Bei dem Gedanken zieht sich mein Herz schmerzvoll zusammen, weil ich Julie bildlich vor mir sehe.

Wie betäubt starre ich meinen Whiskey an und ignoriere die Anrufe meines Bruders. Egal, was Sage von mir will, es muss warten. Ich bin nicht in der Lage, mich mit ihm auseinanderzusetzen. Der Einzige, der weiß, wo ich bin, ist Lion. Mit ihm habe ich gestern Nacht ewig gesprochen, um ihm zu erklären, was im Mystery geschehen ist. Seine Begeisterung hielt sich in Grenzen. Verständlicherweise, weil er dafür sorgen musste, den Müll zu beseitigen, den ich hinterlassen habe. Ich kann also verstehen, wenn er sauer auf mich ist. Er hat schon genug mit Sage zu tun und jetzt mache ich ihm auch noch Ärger. Vielleicht sollte ich Roma den Rücken kehren und zurück nach Philadelphia gehen. Hier habe ich alles, was ich brauche. Julie.

Genervt nehme ich mein Handy vom Nachttisch und drücke den Anruf von Sage weg. Es dauert nur wenige Sekunden, bis mein Telefon erneut zu klingeln beginnt. Unfassbar. Die Welt dreht sich nicht nur um Sage Angelotti, auch wenn er denkt, es würde genau so sein. Ich weiß, er ist der Don, den alle bewundern und schätzen. Niemand wagt es, ihm zu widersprechen. Die kleinen Pisser scheißen sich n die Hose, sobald der Don vor ihnen steht. Abe

ch bin nicht einer seiner Geschäftspartner, sonderr sein Bruder. Warum kann er nicht einma akzeptieren, was ich möchte? Weil Matteo ihr belogen hat? Alles schön und gut, ich verstehe wenn er vorsichtiger geworden ist und niemanden mehr traut. Trotzdem kann ich nichts für Matteos Fehler. Weder in der Vergangenheit noch heute. Ich habe immer hinter ihm gestanden. Selbst als e Matteo regelrecht abgeschlachtet hat, habe ich ihr nicht aufgehalten. Einen größeren Beweis meine Loyalität kann er nicht von mir verlangen. Sage wird lernen müssen, meine Entscheidungen zu respektieren. Ob es ihm nun passt oder nicht, ich bin nicht mehr der kleine naive Junge von damals Mit fünfundzwanzig bin ich weit entfernt davon

Und deshalb werde ich nicht nach Italier

zurückkehren. Wann geht das endlich in seinen sturen Schädel?

Angepisst nehme ich seinen Anruf an und blaffe wütend: »Sage, hör auf, mich zu nerven!« Ich warte seine Antwort nicht ab und lege auf, bevor ich das Handy ausschalte. Jetzt ist ein für alle Mal Ruhe. Ein Gefühl von Zufriedenheit überkommt mich, während ich den letzten Schluck meines Whiskeys hinunterstürze. Eine Weile sitze ich einfach nur da und starre durch die große Fensterfront auf die Straßen von Philadelphia. Selbst um diese Zeit ist eine Menge los. Ich höre wie durch einen dichten Nebel ein Hupen, zuklappende Türen und ein lautes Stöhnen aus dem Nachbarzimmer. Nicht schon wieder. So langsam habe ich das Gefühl, in bin in einem falschen Film. Ich hätte im Hilton einchecken sollen, dann müsste ich mich nicht Nacht für Nacht damit rumschlagen.

Seufzend stelle ich das Whiskeyglas auf den Nachttisch, schalte die Nachttischlampe aus und lege mich ins Bett. Schluckend starre ich an die Decke und verschränke die Arme hinter meinem Kopf. Wie ein perverser Spanner lausche ich dem heiseren Stöhnen aus dem Zimmer von nebenan. Man kann hören, wie viel Spaß sie hat.

Mit einem Grinsen schließe ich die Augen und stelle mir vor, Julie wäre jetzt hier bei mir. Wie sie vor mir kniet, um mich mit ihren geradezu perfekten roten Lippen zu verwöhnen. Oh mein Gott, ich liebe dieses Gefühl. Wenn sie ihren Mund um meinen Schwanz spannt und mich mit ihren Zungenschlägen um den Verstand bringt. Allein die Vorstellung reicht aus, dass ich innerhalb von Sekunden steinhart bin. Wie gern würde ich mich jetzt mit einem kräftigen Stoß in Julies heißen Mund versenken, während ich meine Finger in ihrem samtweichen, blonden Haar vergrabe. Ein heiseres Stöhnen entkommt mir.

Fuck. Wie von selbst wandert meine Hand direkt in meine Boxerbriefs. Mit etwas Druck spanne ich meine Faust um meinen Schwanz und beginne ihn auf- und abzupumpen. Innerhalb von Sekunden stehe ich in Flammen. Der Wunsch kommen zu wollen, ist das Einzige, woran ich jetzt noch denken kann. Gefangen zwischen Traum und Wirklichkeit verliere ich mich in einem Strudel aus Lust. Knurrend packe ich meine Härte etwas fester und wichse, als wäre der Teufel hinter mir her. Dabei sehe ich Julie bildlich vor mir. Wie sie vor mir kniet, meinen Schwanz wie eine Göttin bläst, bevor ich sie mit Schwung auf alle viere ziehe, um sie im Mondschein anal zu nehmen. Der Gedanke, wie ich mich immer schneller in sie ramme, um sie über die Klippe zu stürzen, fühlt sich in diesem Augenblick viel zu real an. Noch einmal pumpe ich auf und ab und höre, wie das Stöhnen aus dem Nebenzimmer seinen Höhepunkt erreicht. Knurrend lasse ich los und spritze auf meinem Bauch ab.

Keuchend komme ich nur langsam von meinem Höhenflug herunter und spüre, wie eine Träne über meine Wange läuft. Die Erinnerungen an Julie schmerzen zu sehr, um meinen Orgasmus nur annähernd genießen zu können. Die Risse auf meinem Herzen bohren sich immer tiefer und hinterlassen eine glühende Wut in mir, die mich zu verbrennen droht.

Verfluchte Scheiße. Warum hört das denn nicht auf? Julie fickt meinen Kopf wie keine andere zuvor. Wütend auf mich und die ganze Welt verlasse ich das Bett und flüchte unter die Dusche. Mit ein wenig Duschgel auf meiner Hand seife ich mich ein und spüle die verräterischen Spuren meines Spermas von meinem Körper.

Zum ersten Mal in meinem Leben fühle ich so etwas wie Scham in mir. Dabei habe ich nichts Verbotenes getan. Natürlich habe mir einen runtergeholt. Doch das ist kein Grund, ein schlechtes Gewissen zu bekommen. Um ehrlich zu sein, kenne ich keinen Typen, der das nicht tut. Es ist die beste Art, Stress abzubauen. Ein Fick wäre mir zwar um einiges lieber gewesen, aber ich habe ihr damals ein Versprechen gegeben, an das ich mich nach wie vor halten werde. Selbst dann, wenn meine Hand vom Wichsen ganz wund wird, werde ich keine andere außer Julie ficken. Wir Angelottis sind die größten Bastarde des Universums, die ich kenne. Aber ein Schwur auf Omertà wird niemals gebrochen. Nicht einmal, wenn mein Leben davon abhinge. Lieber sterbe ich aufrecht mit versiegelten Lippen, als kniend am Boden wie ein Verräter.

Gedankenverloren schaue ich dabei zu, wie der Schaum in den Abfluss rinnt. Warmes Wasser und der Duft von Minze umhüllen mich, während ich seufzend meine Hand an die durchsichtige Scheibe lege und für einen Augenblick lang die Augen schließe. Nur ein paar Minuten, bevor ich den Wasserhahn ausstelle.

Mit einem Handtuch um die Hüften gewickelt verlasse ich das Bad, als es an der Tür klopft. Wer kann das um diese Uhrzeit sein? Es muss weit nach Mitternacht sein. Mit großen Schritten gehe ich auf mein Bett zu und nehme meine Waffe an mich. Vorsichtig öffne ich die Tür und halte für eine Sekunde den Atem an. Was zur Hölle will sie hier?

»Celeste?«, frage ich gepresst und lasse sie widerwillig herein. Dabei würde ich ihr lieber die

Kehle umdrehen, weil ich mir sicher bin, sie ist an Julies Verschwinden nicht ganz unschuldig.

»Tiago, kann ich kurz mit dir sprechen?« Mit einem Nicken deute ich auf mein Bett, damit sie Platz nehmen kann. Achtlos werfe ich meine Waffe auf das Kopfkissen und hole mir in der Zwischenzeit eine neue Boxerbrief aus dem Schrank. Ohne sie aus den Augen zu lassen, löse ich das Handtuch von meiner Hüfte. Fast geräuschlos fällt es auf den Boden. Zischend holt sie Luft, während sie auf meinen Schwanz starrt. Wird sie tatsächlich rot? Amüsiert schüttle ich den Kopf. Sie hat über Monate mit Slade gevögelt und er ist nicht gerade dafür bekannt, sanft zu sein. Eigentlich ist er das komplette Gegenteil davon. Er ist der größte Bastard von uns Angelottis. Und trotzdem ist es ihr peinlich, weil sie mich nackt sieht? Oder liegt es an dem Tattoo?

»Tue nicht so schockiert. Ich bin sicher, du hast schon mal einen Schwanz gesehen, piccolo cucciolo, kleiner Welpe.« Grinsend schlüpfe ich in meine Boxerbriefs.

»Oh mein Gott, du hast dir deinen Schwanz tätowieren lassen? Bist du irre?« Ihre Stimme ist nur ein raues Flüstern und dennoch habe ich jedes Wort überdeutlich gehört. Die Unterhaltung geht in eine völlig falsche Richtung. Gleichgültig zucke ich mit den Schultern und verschränke warnend die Arme vor der Brust. Was will sie denn von mir hören? Sie sieht doch mit eigenen Augen, dass ich mir dort ein Tattoo habe stechen lassen und ich bereue es kein bisschen.

»Celeste, warum bist du hier?«, wechsle ich schnell das Thema. Erschrocken blickt sie zu mir auf und ich kann ihr ansehen, wie unwohl sie sich fühlt. Unsicher wendet sie den Blick von mir ab.

»Liebst du sie wirklich oder willst du ihr nur wieder wehtun?«, fragt sie leise und ich weiß sofort, von wem die Rede ist. Julie.

»Für mich gibt es nur eine Frau und du weißt genau, wer das ist«, sage ich zerknirscht und setze mich neben sie. Stumm betrachten wir uns gegenseitig, bis sie ihr Schweigen bricht.

»Wenn du Julie wirklich liebst, dann beweise ihr, dass sie dir mehr bedeutet als eine schnelle Nummer auf dem Klo. Morgen Nacht könnte deine letzte Chance dazu sein!« Was zur Hölle meint sie damit?

»Was ist morgen Abend?«, frage ich knurrend und balle angespannt meine Hand zur Faust. Mit einem zaghaften Lächeln steht sie vom Bett auf und blickt mich durchringend an.

»Emilio Catalano gibt einen Ball, um die perfekte Braut für sich zu finden. Ich bin mir sicher, du kannst dir denken, was das zu bedeuten hat? Julie und ich werden dort sein«, lässt sie die Bombe platzen, die mir den Boden unter den Füßen wegreißt. Ich wusste, bei den beiden muss ich auf alles gefasst sein. Aber das ist zu viel des Guten. Sie will sich nicht ernsthaft wie eine Hure Catalano anbieten, um von mir loszukommen oder etwa doch?

Julie

Ich kann es nicht glauben, dass ich mit Celeste tatsächlich zu Catalanos Ball gehen werde. Obwohl ich mir noch immer nicht sicher bin, ob dies der richtige Weg ist, Tiago aus meinem Kopf zu bckommen, spüre ich eine gewisse Vorfreude. Ich kann mich nicht daran erinnern, wann ich zuletzt so aufgeregt war wie heute.

Grinsend blicke ich zu meiner Freundin, die vor dem Spiegel steht und sich kritisch mustert. Vermutlich malt sie sich schon aus, was sie beim Ball tragen wird. Ich bin mir sicher, sie wird wie eine wunderschöne Prinzessin aussehen. Nach dem ganzen Ärger mit Slade hat sie eine kleine Ablenkung bitter nötig. Der Typ ist schlimmer als Sage Angelotti höchstpersönlich und das ist sicher kein

Kompliment. Er ist die Ausgeburt der Hölle. Satan wäre stolz, so einen Bastard seinen Sohn nennen zu dürfen.

Ich habe wirklich keine netten Worte für den Mann übrig, der sie nicht nur einmal tief verletzt hat. Auch wenn sie nicht gerne von ihm spricht, weiß ich insgeheim, dass sie ihn noch immer liebt. Und vermutlich wird sich das niemals ändern. Dabei hat sie etwas Besseres verdient als Slade Angelotti. Der Typ ist ein riesengroßes Arschloch, der zu feige ist, zu seinem Sohn zu stehen. Er wäscht seine Hände in Unschuld, obwohl er es war, der sie ohne Gummi gefickt hat.

So ein dämlicher Wichser, dachte er ernsthaft, die Geschichte mit der Biene und der Blume wäre eine Illusion? Es war doch klar, was passieren kann, wenn er seinen mickrigen Schwanz in meine beste Freundin schiebt. Nur er tut so, als wüsste er nicht, wie Nino gezeugt wurde. Ich hasse diesen Bastard abgrundtief. Er ist der Grund für all ihre Narben auf dem Herzen. Wieso sie ihm noch immer hinterher trauert, kann ich wirklich nicht verstehen. Es ist wie ein Fluch. Einmal von den Angelottis gekostet, kommt man nicht mehr von ihnen los.

Ich weiß, wovon ich rede. Mit Tiago ist es kein Deut besser. Obwohl er mich nicht liebt, würde ich alles dafür tun, nur ein einziges Mal von ihm geküsst zu werden. Doch so weit wird es niemals kommen, davon bin ich felsenfest überzeugt. Es wird Zeit, dass ich mir Tiago aus dem Kopf schlage. Vielleicht ist der Ball von Catalano die beste Gelegenheit, um mit den Angelottis abzuschließen, und ich bin froh, Celeste an meiner Seite zu wissen. Wenn sie jemals damit fertig wird, aus dem Bad zu kommen.

»Willst du den Spiegel noch fragen, ob du die Schönste im ganzen Land bist, oder können wir endlich los?« Kichernd blicke ich sie an.

»Mon dieu, mein Gott, Julie. Ich liebe dich wie eine Schwester. Aber bitte hör auf, mich eitel zu nennen. Es verletzt mich wirklich«, sagt sie frech mit einem Funkeln in den Augen. Schallend lache ich auf. Soll das ein Witz sein? Ich kenne niemanden, der so perfektionistisch veranlagt ist wie Celeste.

»Oh désolé princesse, oh Verzeihung Prinzessin«, erwidere ich amüsiert, bevor wir beide auflachen.

»Pas de problème Madame Julie et maintenant venez avec moi, nous devons y aller, kein Problem Madame Julie und nun komm mit, wir müssen los.« Kopfschüttelnd folge ich Celeste in den Flur und warte, bis sie endlich fertig ist.

Mit nur knapp zwanzig Minuten Verspätung verlassen wir ihre Wohnung. Der Weg führt uns direkt an den Straßenrand, wo bereits ein Taxi auf uns wartet. Schnell springen wir hinein, während ich meine Freundin danach frage, wo sie war. Normalerweise erzählt sie mir, dass sie kurz unterwegs ist, damit ich mir keine Sorgen mache. Aber heute Nacht hat sie sich klammheimlich aus dem Staub gemacht, was so gar nicht zu ihr passt.

»Du hast kurz nach Mitternacht die Wohnung verlassen, ohne mir Bescheid zu sagen. Ist alles okay?«, frage ich in die Stille hinein und kann Celestes Blick nicht wirklich deuten. Beinahe wirkt es so, als fühle sie sich ertappt. Aber das kann nicht sein, oder?

»Mach dir keine Gedanken, Julie. Ich konnte nicht schlafen und bin eine Runde um den Block gegangen«, antwortet sie ausweichend, ohne mich anzusehen. Wüsste ich es nicht besser, würde ich behaupten, sie hat ein schlechtes Gewissen. Schulterzuckend schiebe ich das komische Gefühl beiseite und lasse mich tiefer in die dunklen Polster sinken. Die Fahrt vergeht wie im Flug. Keine zehn Minuten nachdem wir in das Taxi gestiegen sind, kommen wir in Fashion District an. Hier gibt es alles, was das Herz begehrt. Von Designerklamotten, über die neuste Mode zum kleinen Preis. Ein wahres Paradies für Frauen, wenn man shoppen mag, so wie Celeste und ich. Voller Vorfreude schnappe ich mir die Hand meiner besten Freundin, die mir kichernd folgt.

»Dafür, dass du keine Lust hast, auf den Ball von Catalano zu gehen, hast du es aber verdammt eilig.« Oh Mist. Sie hat recht. Scheiße, wie konnte das passieren?

»Sagen wir einfach, ich freue mich darauf, mit dir auszugehen. Nur wir beide ganz allein und Catalano bezahlt unsere Cocktails. Für mich klingt das nach einer Menge Spaß, findest du nicht auch?« Herausfordernd blicke ich sie an.

»Du hast recht, lass uns einfach etwas Spaß haben«, gibt sie kurz zurück, bevor sie meine Hand in ihre nimmt und wir einen Laden nach dem anderen abklappern, um ein passendes Kleid für den Abend zu finden. Ich kann mich nicht daran erinnern, in der letzten Zeit so viel Spaß gehabt zu haben, wie mit ihr.

Lachend schüttle ich den Kopf, als sie in einem schwarzen Tüllkleid vor mir steht. Oh mein Gott. Was für ein Albtraum. Sie kann das unmöglich ernst meinen, oder? Will sie Catalano bereits am Eingang vergraulen? Dieses Outfit ist echt noch schlimmer als alle Kleider, die wir zuvor anprobiert haben.

»Mon dieu, ist das hässlich«, sage ich schockiert und verziehe angewidert den Mund.

»Dann sollte ich es nehmen«, flüstert sie mir leise zu. Wie bitte?

»Untersteh dich, Celeste.« Fassungslos starre ich sie an und blicke mich suchend nach etwas anderem um. Es dauert nur wenige Minuten, bis ich fündig geworden bin und ihr einen Traum in Schwarz reiche.

»Ich finde, dieses hier würde dir ausgesprochen gut stehen. Komm, zieh es doch mal an und ich verspreche dir, wenn du es nimmst, ziehe ich das Kleid an, das du mir ausgesucht hast!« Seufzend gebe ich nach, obwohl ich mir sicher bin, es ist für einen Ball viel zu sexy. Der Stoff reicht nur bis zu den Knien, der Rücken ist komplett frei und das Kleid offenbart mehr von meinem Körper, als es verdeckt.

Normalerweise würde ich so etwas Freizügiges auf einer Party unter Männern wie Catalano niemals tragen. Jeder weiß, wie diese Typen ticken. Sie sind wie Tiere, die nur darauf warten, leichte Beute zu finden. Sie sind Jäger durch und durch und würde Celeste mich nicht begleiten, wäre ich nie und nimmer auf die Idee gekommen, an so einem Event teilzunehmen. Ich muss wohl in den sauren Apfel beißen und das Kleid tragen, wenn ich nicht will, dass meine Freundin in diesem scheußlichen Outfit zu dem Ball geht. Sie macht jeder Vogelscheuche Konkurrenz.

»Wirklich? Du nimmst es?«, quietscht sie aufgeregt, während ich die Augen verdrehe. Ich hatte keine andere Wahl. Denkt sie ernsthaft, ich habe ihren miesen Plan nicht durchschaut? Lachend verpasse ich ihr einen kleinen Schubs, damit sie endlich in die Kabine geht. In der Zwischenzeit suche ich nach ein paar Dessous sowie schwarzen Highheels und einer Maske, um das Gesamtbild perfekt abzurunden. Zum Glück werde ich schnell fündig. Innerhalb von gut zehn Minuten habe ich alles, was ich brauche. Jetzt muss nur noch Celeste fertig werden, überlege ich gerade und staune nicht schlecht, als ich sie vor dem Spiegel entdecke. Oh wow.

»Du siehst wunderschön aus«, hauche ich ergriffen. Tränen schwimmen in ihren Augen.

»Ich habe mir immer vorgestellt, in so einem Kleid Slade zu heiraten. Es ist traumhaft schön.« Und ja, das ist es wirklich. Seufzend nehme ich sie in den Arm und verfluche Slade Angelotti zum wiederholten Male. Dieser Idiot hat ihr das Herz gebrochen und ich weiß nicht, ob es jemals wieder heilen wird.

»Celeste, denk nicht an ihn. Er ist es nicht wert. Slade ist ein Bastard und er wird niemals in der Lage sein, jemanden zu lieben. Der Typ ist einfach nur krank, vergiss ihn, bitte.« Zaghaft nickt sie mir zu und wischt die Tränen von ihren Wangen.

»Du hast recht, Julie. Komm, fahren wir nach Hause. Nino wartet sicher schon auf mich«, sagt sie schluchzend und verschwindet in der Umkleide, um sich umzuziehen. Ich gebe ihr die Zeit, die sie braucht. Manchmal hilft es, allein zu sein und zu weinen. Deshalb ziehe ich mich zurück und gehe zur Kasse, um meine Sachen zu bezahlen. Eine ganze Weile warte ich am Ausgang, bis sie bei mir ist. Ein zaghaftes Lächeln liegt auf ihren Lippen, das ich erleichtert erwidere. So gefällt sie mir schon viel besser. Um sie auf andere Gedanken zu bringen, reden wir über Nino und ihre Nachbarin Rosalie, die ganz vernarrt in den Kleinen ist. Ich bin froh, dass sie jemanden gefunden hat, der sich so aufopferungsvoll um ihren Sohn kümmert, wie Rosalie es tut, wenn wir gemeinsam unterwegs sind. Sie ist jeden Dollar wert.

Gut gelaunt steigen wir gut eine halbe Stunde später aus dem Taxi. Doch meine Freude verfliegt so schnell, wie sie gekommen ist, als ich Tiago von Weitem entdecke. Ich kann es einfach nicht glauben. Was will er denn hier? Schluckend blicke ich zu meiner besten Freundin und bitte sie höflich, schon einmal vorzugehen. Zaghaft nickt sie mir zu und verschwindet nach einer kurzen Begrüßung ins Innere. Celeste lässt mich mit Tiago allein. Dabei weiß ich nicht einmal, ob ich dem hier gewachsen bin. Ihm so nah zu sein und ihn nicht berühren zu dürfen, ist der reinste Horror. Niemals war das Verlangen, mich in seine Arme zu werfen, so groß wie in diesem Moment. Doch ich bleibe stark und lasse mir nicht anmerken, wie aufgewühlt ich wirklich bin.

Mein Herz rast und ich spüre, wie die Sehnsucht mich innerlich zu verbrennen droht.

»Wieso fliegst du nicht zurück nach Rom, Tiago?«

»Weil ich nicht ohne dich gehen werde, Tesoro!« Will er mich verarschen? Schnaubend schüttle ich den Kopf, während er einen Schritt auf mich zukommt. Vor mir bleibt er stehen und gräbt eine Faust in mein blondes Haar, um mich an sich zu ziehen. Dicht vor meinen Lippen hält er inne.

»Ich liebe dich, Julie.« Wütend stoße ich ihn von mir. Ich spüre, wie mein Körper unkontrolliert vor Wut zittert. Es fehlt nicht viel und ich verpasse ihm eine schallende Ohrfeige. Hält er mich für so naiv? Er ist gar nicht fähig, einen anderen Menschen zu lieben. Ihm passt es nur nicht, dass ich diejenige war, die unsere Affäre beendet hat.

Ich habe wirklich versucht, Verständnis zu zeigen, obwohl er mir mehr als einmal das Herz gebrochen hat.

Doch so langsam komme ich an meine Grenzen. Ich ertrage den Gedanken nicht, dass er mich fickt und dabei vielleicht an eine andere denkt. An die Frau, die er bereit ist zu lieben, zu küssen und sie zu Mrs. Angelotti zu machen. Er hat es mir selbst vor einem Jahr gesagt, während wir eng aneinander gekuschelt im Bett lagen. In dem Moment ist mein Herz ganz leise gebrochen. Mir ist klar geworden, ich werde niemals die Frau sein, die er lieben wird. Tagelang habe ich mir wegen ihm die Augen ausgeweint. Ich schlucke den dicken Kloß in meinem Hals herunter und schüttle traurig den Kopf.

»Tiago, hör auf. Wir beiden wissen, es ist nicht wahr und das ist okay. Steig in den nächsten Flieger und …«

Noch ehe ich meinen Gedanken aussprechen kann, zieht er mich an sich und küsst mich. Hungrig wie ein Tier, gräbt er seine Zähne in meine Lippen. Stöhnend gebe ich mich dem intensiven Moment kurz hin, bevor ich mich keuchend von ihm löse. Zur Hölle, was tut er hier?

»Ich hasse dich«, schreie ich ihm wütend zu.

»Nein, das tust du nicht. Du liebst mich und ich garantiere dir eines: Mit diesem Kuss habe ich dich so sehr geprägt, dass du dir noch wünschen wirst, meine Lippen auf deinen zu spüren.« Grinsend zwinkert er mir zu. Fassungslos schnappe ich nach Luft und renne vor ihm und meinen aufwühlenden Gefühlen weg. Diese Stadt ist zu klein für ihn und mich. Für mein Problem gibt es eigentlich nur eine Lösung und die lautet Emilio Catalano.

Tiago

Angepisst steige ich aus meinem Auto, um Julie und Celeste zu folgen. Ich verschmelze wie ein Schatten mit der Dunkelheit, während ich die beiden genau im Blick habe. Sie ziehen es also tatsächlich durch und gehen auf die berühmt-berüchtigte Party von Catalano? Ich kann es einfach nicht fassen. Wieso tut Julie mir das an? Und warum trägt sie so ein kurzes Kleid, in dem sie wie eine Schlampe aussieht? Selbst von hier aus kann ich sehen, wie verboten sexy es ist. Und es kotzt mich tierisch an, dass sie einen Hauch von nichts ausgerechnet für diesen Pisser trägt.

Fassungslos betrachte ich sie von oben bis unten und balle meine Hand zur Faust. Ich kann mich nicht daran erinnern, sie jemals zuvor so gesehen zu haben. Nie sah sie schöner aus als in diesem Moment. Schwarze Seide schmiegt sich an ihre Kurven. Der Stoff endet nur knapp über ihren Knien und der Rücken liegt komplett frei. Nackte Haut soweit das Auge reicht und ich muss an mich halten, nicht auf sie zuzustürmen, um sie an Ort und Stelle zu ficken, bis ihr Hören und Sehen vergeht.

Der Wunsch, sie unter mir liegen zu haben, wird von Sekunde zu Sekunde immer größer. Was gäbe ich dafür, sie wie einen kostbaren Schatz zu entblättern? Sie mit allen Sinnen zu genießen? Von der verbotenen Frucht zu kosten, so wie Adam von Eva im alten Paradies?

Ich habe das Gefühl, den Verstand zu verlieren und es liegt allein an Julie. Warum ist sie hier? Um Catalano schöne Augen zu machen? Weiß sie denn nicht, wie gefährlich das ist? Er steht Sage in Sachen Brutalität in nichts nach. Er ist ein Bastard, der keine

Grenzen kennt. Und ausgerechnet er soll ihr das geben, wonach sie bei mir verzweifelt gesucht hat? Liebe? Dass ich nicht lache. Sie ist einfach zu naiv. Ein Mädchen ihres Kalibers sollte sich von Männern wie ihm fernhalten. Aber ich befürchte, dafür ist es nun zu spät. Sie läuft dem Löwen geradewegs in die Falle und wenn er herausfindet, wer sie wirklich ist, ist sie dem Tod näher, als ihr lieb sein dürfte. Rasende Wut durchströmt mich wie heiße Lava.

Völlig in Gedanken versunken, schaue ich auf und blicke mich nach Julie und Celeste um. Zum Fick nochmal. Wo sind die beiden? Sie waren eben doch noch vor mir oder etwa nicht? Zu spät realisiere ich, wie die Wache vor Catalanos Villa zur Seite tritt, um ihnen Zugang zu der Party des Jahres zu gewähren. Lachend verschwinden die Frauen ins Innere und ich kann nichts dagegen tun, um sie davon abzuhalten.

Fuck, fuck, fuck. Ich bin so ein Idiot. Rasend vor Wut sprinte ich über die Straße, um ihnen nachzulaufen. Doch die Wachen stehen dicht an dicht vor dem Eingang, was mir ein sofortigen Zugriff, unmöglich macht. Eine halbe Stunde stehe ich mir die Beine in den Bauch und warte auf den perfekten Moment, um mich ungesehen in die Villa zu schleichen. Stumm beobachte ich die Wachen, bis nur noch einer von Ihnen übrig ist. Vermutlich sind sie pissen gegangen, was mir einen kleinen Zeitraum verschafft, mich ungesehen ins Innere zu schleichen.

Am Eingang pralle ich mit einem der Gorilla zusammen, der mich von oben bis unten eiskalt mustert. Denkt er, ich würde mich davon einschüchtern lassen? Mit einem Bruder wie Sage kann ich darüber nur müde lächeln. Diabolisch grinse ich ihn an.

»Geh zur Seite oder ich löse das Problem auf meine Weise«, knurre ich gefährlich. In einer fließenden Bewegung ziehe ich meine Waffe und drücke den Lauf fest gegen seine Brust. Genau an die Stelle, an der sein Herz schlägt. Noch. Wie lange das so sein wird, liegt ganz allein an ihm. Ich bin nicht hergekommen, um jemanden zu töten. Trotzdem werde ich es tun müssen, sollte er mich weiterhin daran hindern, in die Villa zu gehen. Ein Schuss und alles könnte vorbei sein. Er weiß, ich bin in der besseren Position als er. Selbst wenn er wollen würde, könnte der Pisser seine Glock nicht ziehen, ohne draufzugehen. Wer kommt denn bitte auch auf die Idee, ein Holster direkt unter dem Sakko für jeden gut sichtbar anzubringen? Ich habe das Gefühl, er legt es darauf an, ins Gras zu beißen.

»Verschwinde, Angelotti«, zischt der Typ mit unterdrückter Wut, was mich innerlich lachen lässt.

Ach, wie süß. Der kleine Löwe faucht mich an und denkt, ich würde mir deswegen gleich in die Hose machen. Amüsiert schüttle ich den Kopf. Die Frage, wieso er mich kennt, ignoriere ich für den Moment. Mein Fokus liegt allein auf ihm und seiner Angst, die ihm regelrecht ins Gesicht geschrieben steht. Aus großen Augen starrt er mich an, Schweißtropfen perlen über seine Stirn und ich weiß genau, es ist nur eine Frage der Zeit, bis er nachgibt. Ich erkenne einen Feigling, wenn er vor mir steht. Zu sagen, er wäre in seiner Position fehl am Platz, ist noch untertrieben. Er ist ein fatales Risiko, das mir in dic Hände spielt.

Siegessicher blicke ich ihn warnend an. Ich ziehe meine Augenbraue nach oben und beuge mich ein Stück weit zu ihm herunter. Dicht an seinem Ohr halte ich inne und lasse meinen Nacken gefährlich knacken. Ich liebe dieses Spiel aus Macht und Blut.

Schade nur, dass ich keine Zeit habe, mich intensiv um ihn zu kümmern.

»Du wirst mich jetzt durchlassen, ansonsten sehe ich mich gezwungen, abzudrücken«, warne ich ihn halbherzig vor. Mein Zeigefinger spannt sich um den Abzug. Sekunden werden zu Minuten. Minuten zu Stunden. Seine Atmung geht stoßweise.

»Okay, du wolltest es nicht anders«, sage ich heuchlerisch und drücke den Lauf der Waffe so fest in seine Brust, dass er keuchend zurückweicht.

»Tu das nicht! Bitte!«, winselt der Pisser und dreht sich zu allen Seiten um. Vermutlich hält er Ausschau nach einem von Catalanos Männern, der ihm zur Hilfe eilen könnte. Dumm nur, dass wir beide allein sind und niemand kommt, um ihm zu helfen. Dafür wird Catalano höchstpersönlich gesorgt haben, damit er den Abend unbeschwert genießen kann. Zu schade aber auch, dass ich hier bin, um ihm einen

Strich durch die Rechnung zu machen. Julie gehört mir und jeder der sich mir in den Weg stellt, wird sterben. Noch heute Nacht.

»Letzte Chance, geh zur Seite«, knurre ich mit dunkler, gefährlicher Stimme, die seine Wirkung nicht verfehlt. Ängstlich weicht er vor mir zurück. Geht doch. Warum nicht gleich so? Grinsend gehe ich an ihm vorbei, um Julie und Celeste zu folgen. An der Tür zur Villa halte ich noch einmal inne und drehe mich zu dem Typen um, der sich beinahe vor Angst in die Hose gemacht hätte. Aus zusammengekniffenen Augen beobachte ich den Wichser, wie er sein Handy aus der Hosentasche zieht. Er wird doch nicht?

Fuck. Einem inneren Impuls folgend, mache ich einen Satz auf ihn zu, lege meinen Arm von hinten um seinen Hals und drehe seinen Kopf in einer ruckartigen Bewegung nach rechts. Ich höre, wie sein Genick leise knackt. Im letzten Moment, ehe er zu Boden gehen kann, schlinge ich meine Arme fester um den Pisser. Achtlos werfe ich die Leiche in das große Gebüsch neben dem Eingang, damit ihn niemand entdeckt. Angepisst wische ich mir über mein schwarzes Hemd und drehe mich auf dem Absatz um, bevor ich durch die Tür ins Innere der Villa husche. Ich bin nur froh, dass Lion keine Ahnung hat, was ich gerade hier treibe.

Als hätte er meinen Gedanken gelesen, beginnt mein Handy zu vibrieren. Doch zu meiner Überraschung ist es nicht Lion, sondern mein Bruder Sage. Fuck. Warum ausgerechnet jetzt? Da kann ich unmöglich rangehen. Wenn er weiß, wo ich bin, rastet er aus. Catalano ist ein rotes Tuch für ihn, was ich in diesem Fall sogar verstehen kann. Der Typ ist eine Plage und mischt sich in Geschäfte ein, von denen er keine Ahnung hat.

Zum Ärger von Sage, der ernsthaft darüber nachdenkt, zurück nach Philadelphia zu kehren. An den Ort, an dem wir einst aufgewachsen sind. Aber Bailee ist nicht bereit, ihm mit den Mädchen blindlings in den Krieg zu folgen. Sie hat Angst um ihre Töchter und ich kann sie verstehen. Sie hat so viel mitmachen müssen. Jede andere wäre daran zu Grunde gegangen. Doch nicht Bailee. Sie hat uns deutlich unter Beweis gestellt, eine von uns Angelottis zu sein. Sie trägt das Zeichen der Omertà zu Recht und ich bewundere ihre Stärke, mit der sie Sage die Stirn bietet. Sie ist wie gemacht für ihn.

Völlig in Gedanken versunken, drücke ich meinen Bruder weg und blicke mich suchend um. Doch von Julie fehlt jede Spur. Verdammt, wo zur Hölle steckt sie nur? Ruckartig drehe ich mich um und pralle unsanft gegen einen weichen Körper. Angepisst starre ich auf die kleine Gestalt, die vor mir steht und mich aus großen Augen anstarrt. Wieso ist sie so überrascht, mich hier zu sehen? Und wo zur Hölle steckt Julie? Wütend gehe ich einen Schritt auf sie zu und packe ihren Oberarm.

»Celeste? Wo ist sie?!«

»Tiago, was machst du denn hier?«, fragt sie im gleichen Moment. Unsicher tritt sie von einem Fuß auf den anderen, während sie sich in Zeitlupe nach hinten dreht. Ich folge ihrem Blick. Ist das etwa … Scheiße.

Julie, und sie steht direkt neben Emilio Catalano, der sie an sich zieht, um sie wie ein Tier zu küssen. Hungrig und voller Verlangen packt er ihren Hintern und vergräbt seine Zähne in ihrem Hals. Ein tosender Applaus bricht um uns herum aus. Die Gäste jubeln und trinken, wie es sich für eine waschechte Verlobungsparty in unseren Kreisen gehört. Schockiert blicke ich zu Celeste und lasse sie abrupt los.

Oh nein, bitte nicht. Ist es das, wonach es aussieht? Sie wird doch nicht …

»Was tut Julie auf der Bühne neben Catalano?«, knurre ich hasserfüllt auf. Angst und Wut mischen sich mit der Sorge um die Frau, die ich liebe.

»Emilio hat Julie gesehen und sie gebeten, ihn zu heiraten.« Mit jedem Wort bricht die Stimme von Celeste, die mich mit Tränen in den Augen unsicher ansieht. Das kann nur ein dummer Witz sein. Sie waren noch keine halbe Stunde auf der Party und schon hat er eine Wahl getroffen? Hier wimmelt es nur so vor schönen Frauen. Er hätte jede nehmen können, warum ausgerechnet Julie?

Wütend balle ich meine Hand zur Faust und greife gedankenverloren zu meiner Waffe. Meine Finger spannen sich um das kühle Metall, als ich

Celestes Titten überdeutlich an meiner Brust spüren kann. Ihre Nippel reiben über den dunklen Stoff meines Hemdes und ich verfluche meinen Schwanz dafür, wie er auf sie reagiert. Zuckend drückt er sich gegen ihren Bauch, während sie nach Luft schnappt. Doch sie denkt gar nicht daran, auf Abstand zu gehen. Im Gegenteil. Mit ihrem kleinen Körper versperrt sie mir die Sicht und lässt uns von außen hin, wie ein verliebtes Paar wirken. Was zur Hölle ist los mit ihr? Normalerweise zieht sie es vor, mir nicht zu nahe zu kommen und auf einmal schmiegt sie sich an mich, als wäre sie eine läufige Hündin.

Scheiße, ich kann nicht glauben, was hier gerade passiert. Es fehlt nicht viel und ich drücke sie an die Wand, um sie um den Verstand zu ficken. In ihrem schwarzen Kleid sieht sie beinahe wie Julie aus, weshalb ich für eine Sekunde vergesse, wer sie wirklich ist. Wütend auf mich selbst, dränge ich sie ein Stück zurück. Besitzergreifend packe ich ihren Hintern und beuge mich zu ihrem Ohr herunter. Angespannt lege ich meine Hand um ihre Kehle und drücke so fest zu, bis ein leises Röcheln erklingt. Ich könnte sie im Handumdrehen erwürgen und es würde keine Menschenseele interessieren. Aber was wird dann aus Nino? Der Gedanken, mein Neffe müsste ohne seine Mom groß werden, wirkt wie ein Eimer eiskaltes Wasser. Trotzdem lasse ich mir vor Celeste nichts anmerken.

»Willst du sterben, Kleines?« Widerwillig löse ich den Griff um ihren Hals und mustere sie aus kalten Augen von oben bis unten.

»Du machst mir keine Angst, Tiago. Ich habe deinen durchgeknallten Bruder überlebt, du wirst mir niemals so wehtun können, wie er es getan hat. Außerdem wissen wir beide ganz genau, du bist nicht wie er«, flüstert sie mit rauer Stimme. Mit einem eiskalten Lächeln deutet sie auf meine Waffe, die ich mit meiner Hand wie ein Schraubstock umklammere. Ich bin mir sicher, die Rede ist von Slade. Was will sie mir damit sagen? Dass ich weniger gefährlich bin, weil ich nicht wie er bin? Wenn sie sich da mal nicht täuscht. Ich würde sie gerne vom Gegenteil überzeugen, doch ich befürchte, mir läuft die Zeit davon.

»Können wir das Gespräch auf später verschieben? Ich muss da eine Kleinigkeit erledigen«, grinse ich überheblich und schiebe sie unsanft zur Seite.

»Nicht, Tiago. Du kannst sie nicht retten, es ist zu spät!«, brüllt sie mir aufgebracht hinterher. Genervt verdrehe ich die Augen und schenke ihr keinerlei Beachtung. Ich dränge mich an den tanzenden und feiernden Menschen vorbei, um nach ihr zu suchen. Julie. Irgendwo muss sie sein. Sie kann sich nicht innerhalb von Sekunden in Luft aufgelöst haben. Umso mehr Zeit vergeht, desto unruhiger werde ich. Erst recht, weil ich Emilio Catalano nirgends entdecken kann. Sind die beiden etwa durchgebrannt? Celestes Worte von eben dringen in meine Gedanken. Sie hat mich nicht belogen, es ist wirklich wahr, oder? Ich bin zu spät gekommen. Julie ist endgültig weg und es ist allein meine Schuld.

Fuck, wie konnte das passieren? Wenn kein Wunder geschieht, wird sie die zukünftige Mrs. Catalano. Ich glaube, es ist an der Zeit, mit offenen Karten zu spielen. Ich brauche die Hilfe von Sage und Lion, ob es mir nun passt oder nicht.

Verfluchte Scheiße, ich sollte mich warm anziehen. Sage wird mich umbringen, so viel ist sicher.

Julie

Oh mein Gott. Was zur Hölle passiert hier eigentlich? Kaum habe ich die Villa betreten, bin ich auch schon in den Händen von Emilio Catalano gelandet. Es ist, als hätte er nur auf mich gewartet. Gefangen zwischen Traum und Realität versuche ich zu verstehen, wieso er ausgerechnet mich auserwählt hat. Ob es an dem billigen Fummel liegt, den ich Celeste zuliebe trage?

Vorsichtig werfe ich einen Blick zu Emilio, den ich mir irgendwie ganz anders vorgestellt habe. Nicht so angsteinflößend. Seine dunkle Aura, die braunen Augen und das diabolische Grinsen, das seine Lippen umspielt, schreien regelrecht nach Ärger. Ich spüre, wie mich ein leichter Schauer überkommt. Nicht mal Sage hatte solch eine

Wirkung auf mich, obwohl er ein Mann ist, den man niemals unterschätzen darf. Nur spielt er keine Rolle. Nicht Sage wird neben mir am Altar stehen, sondern Emilio. Ist es das, was ich wirklich will? Einen Typen heiraten, den ich gar nicht kenne? Eine leise Stimme in meinem Inneren warnt mich und sagt: Lauf!

Aber aus irgendeinem unerfindlichen Grund tue ich genau das Gegenteil. Ich folge ihm in eine ungewisse Zukunft, weil ich weiß, Emilio ist nicht Sage und auch nicht Tiago. Es wird Zeit, die Familie Angelotti hinter mir zu lassen, um neu anzufangen. Ist es nicht das, was ich Celeste versprochen habe? Tiago zu vergessen, nachdem er mir mein Herz gebrochen hat. Ich will nicht denselben Fehler machen wie meine Freundin. Obwohl Slade der wohl größte Wichser des Universums ist, liebt sie diesen Abschaum noch immer. Er müsste nur mit dem Finger schnipsen und sie würde blindlings in ihr Unglück rennen. Zum wiederholten Male. In diesem Punkt ist sie unbelehrbar. Seit sie Slades mickrigen Schwanz geritten hat, hängt sie an ihm. Unvorstellbar, dass es überhaupt einen Menschen gibt, der ihn leiden kann. Der Typ ist sicherlich als Kind einmal zu oft vom Wickeltisch gefallen. Innerlich grinsend schüttle ich den Gedanken an ihn zur Seite und seufze leise auf. Der Blick von Emilio liegt auf mir und er mustert mich von oben bis unten.

»La mia stella, mein Stern«, höre ich zum ersten Mal seine raue Stimme, die direkt in mein Höschen wandert. Holy shit, wie sexy ist das bitte? Schluckend blicke ich zu Emilio auf, der mich mit gut zwei Köpfen überragt. Neben ihm wirke ich wie ein Zwerg. In seinen Augen steht eine Gier geschrieben, die mir noch mehr Angst einflößt als seine gefährliche Aura, die an ihm haftet. Doch davon lasse ich mir nichts anmerken. Sicher wird sich das mit der Zeit legen, wenn ich ihn etwas besser kennengelernt habe.

»Bist du okay?«, fragt er mit hochgezogener Augenbraue. Vermutlich sieht er mir an, wie nervös ich bin. Vorsichtig nicke ich.

»Ja, ich denke schon«, erwidere ich mit fester Stimme und schenke ihm ein sanftes Lächeln. Aus kalten Augen sieht er mich an.

»Okay, wie du meinst«, brummt er leise und öffnet die Tür, vor der wir stehen. Zum ersten Mal lasse ich die Umgebung voll und ganz auf mich wirken. Die Farbe Schwarz dominiert eindeutig, was mich keineswegs verwundert. Um es mit Celestes Worten zu beschreiben, es passt zu dem Mann, der vor mir steht. Beinahe muss ich lachen, wären da nur nicht die Augen von Emilio, die mich stumm warnen. Mit einem Nicken deutet er auf den Stuhl, auf dem ich Platz nehmen soll. Was auch immer er will, ich werde ihm den Gefallen tun.

Seufzend folge ich ihm zum Schreibtisch und lasse mich in das schwarze, weiche Polster sinken, während ich ihn beobachte. Was bitte treibt er da? Langsam knöpft er sein Sakko auf, wirft es achtlos über die Lehne seines Bürostuhls, ehe er sein weißes Hemd bis zu den Ellenbogen nach oben krempelt. Wie in Zeitlupe geht er dabei vor und ich kann nicht anders, als seine muskulösen Arme zu bewundern. Heilige Scheiße, der Mann ist Sex pur. Ich liebe starke Männerhände, bei denen man die Venen deutlich sehen kann. Die Vorstellung, wie er mich damit zum Kommen bringt, ist einfach zu gut. Mein Kopfkino läuft innerhalb von Sekunden auf Hochtouren und ich spüre, wie feucht ich werde. Und das nur, weil ich viel zu lange keinen Sex mehr hatte. Seit Tiago Angelotti … Gab es nicht einen Typen, der mich um den Verstand gevögelt hat. Doch mit Emilio könnte sich das nun ändern und ich weiß nicht, ob ich wirklich so abgeneigt bin, die zukünftige Mrs. Catalano zu werden, wie ich angenommen habe.

Erregt lecke ich mir über die Lippen und verschränke meine Arme vor der Brust. Nicht auszudenken, wenn er meine aufgerichteten Nippel entdeckt. Etwas peinlich ist mir das schon, wie mein Körper auf ihn reagiert. Genau in dem Moment, in dem ich den Kopf hebe, sehe ich ein Schmunzeln in seinem Gesicht. Aber so schnell, wie es gekommen ist, verschwindet es auch wieder. Vermutlich war es nur eine Einbildung, anders kann ich mir nicht erklären, wie ich auf die Idee komme, Emilio wäre in der Lage, zu lächeln. Dankbar für die kleine

Ablenkung atme ich tief durch und warte, bis er sich mir gegenüber setzt.

»Du weißt sicher, warum du hier bist?«

»Ja. Du bist heute Abend auf der Suche nach der zukünftigen Mrs. Catalano«, antworte ich ihm auf seine Frage, was ihn zufrieden nicken lässt.

»Ich denke, sie sitzt mir bereits gegenüber«, sagt er forsch und ich erspare mir den bissigen Kommentar, der mir auf der Zunge liegt. Schnaubend schüttle ich den Kopf.

»Wie heißt du?«

»Julie Dubois.« Eine Sekunde scheint er zu überlegen, bis ein gefährliches Glitzern in seinen Augen tritt.

»Du bist Julie Dubois? Die Kleine, die als Küchenhilfe bei den Angelottis war?«, fragt er amüsiert und kippt sich einen Scotch ein. Der Geruch schwappt bis zu mir herüber und ich verziehe angewidert den Mund. Eine ganze Weile denke ich über Emilios Worte nach. Ich habe keine Ahnung, woher er weiß, wer ich bin. Aus zusammengekniffenen Augen blicke ich ihn vorsichtig an. Unser Gespräch entwickelt sich in eine völlig falsche Richtung. Trotzdem habe ich nicht vor, über Sage oder einen anderen der Angelottis zu reden.

»Das ist schon Ewigkeiten her. Mittlerweile arbeite ich als Übersetzerin bei More & More«, entgegne ich kühl.

»Du willst nicht über ihn reden? Wer von ihnen hat dir das Herz gebrochen, mia stella, mein Stern?«, lacht er abfällig, ohne mich aus den Augen zu lassen. Kurz zucke ich unter seinen harschen Worten zusammen, als hätte er mir eine schallende Ohrfeige verpasst. Schmerz durchflutet mein Herz und ich muss an mich halten, nicht in Tränen auszubrechen.

Verdammte Scheiße. Wie lange kenne ich den Mann vor mir? Keine halbe Stunde und trotzdem scheint er mich besser zu durchschauen als jeder andere. Wie kann das sein? Ich brauche ein paar Sekunden, um mich zu sammeln.

»Niemand«, krächze ich leise. Schnell wende ich den Blick von ihm ab, was er keinesfalls auf sich sitzen lassen kann. Mit einem Satz beugt er sich über den Tisch. Ich weiß gar nicht wie mir geschieht, da krallt sich seine große Hand in mein Kinn. Mit etwas Druck dreht er meinen Kopf zu sich und ich verliere mich für eine Sekunde in seinen dunklen Augen. Wie benommen starre ich ihn an, nicht fähig, einen klaren Gedanken zu fassen. Zu überwältigend ist seine Aura, die mir den Atem raubt. Was geschieht hier gerade?

»Warum lügst du mich an, mia stella?«

»Weil es nicht mehr von Bedeutung ist, Emilio«, hauche ich leise und berühre seinen Arm. Nur ganz sanft, damit er mir nicht wehtut. Die Antwort scheint ihn zu besänftigen. Mit einem Nicken lässt er mein Kinn los und ich atme erleichtert auf. Nachdenklich beobachte ich ihn dabei, wie er einen Stapel Blätter aus einem Schubfach zieht. Was zur Hölle ist das?

Noch ehe ich die Frage laut aussprechen kann, reicht er mir die Papiere. Zögerlich nehme ich sie entgegen und blicke auf die Buchstaben, die vor meinen Augen verschwimmen. Oh mein Gott. Der Mann scheint es wirklich eilig zu haben, dabei hat er keine Ahnung, worauf er sich mit mir einlässt. Genau wie ich. Wir beide sind uns völlig fremd und trotzdem fackelt er nicht lange, um mir deutlich zu machen, wie ernst es ihm ist.

»Ehevertrag«, höre ich mich wie durch einen Nebel leise flüstern. Soll das etwa heißen, er will mich noch heute heiraten? Das kann unmöglich sein, oder?

»Du hast fünfzehn Minuten Zeit, dir den Vertrag durchzulesen. Ich bin gleich zurück«, bemerkt er ganz nebenbei und verschwindet ohne ein weiteres Wort nach draußen. Er lässt mich einfach allein? Wo bin ich hier nur gelandet?

Angepisst ziehe ich mein Handy aus meiner Clutch und schreibe meiner Freundin, die mir einen Rat geben muss.

Julie: Emilio hat mir einen verfickten Ehevertrag gereicht, kannst du mir bitte erklären, was ich jetzt tun soll?

Es dauert nur einen kurzen Moment, bis ich eine Antwort erhalte, mit der ich ganz und gar nicht gerechnet habe.

Celeste: Worauf wartest du, Julie? Unterschreib das Ding und werde glücklich. Ich glaube, er ist das Beste, was dir passieren konnte, mon amour, meine Liebe.

Ihre Worte zaubern ein zaghaftes Lächeln in mein Gesicht, weil ich es liebe, wenn sie Französisch mit mir spricht. Es fühlt sich wie Heimat an, obwohl ich meilenweit davon entfernt bin. Kurz denke ich über ihre Nachricht nach und weiß nicht, ob sie mich gerade belügt. Ist Emilio wirklich der Mann, den sie in ihm sieht? Sie kennt ihn genauso wenig wie ich. Trotzdem scheint sie der vollsten Überzeugung zu sein, er ist dazu im Stande, mich glücklich zu machen. Nicht heute, aber eines Tages, ganz bestimmt. Etwas, wozu Tiago niemals in der Lage war und sein wird. Emilio ist die Chance, auf die ich gewartet habe. Warum also noch warten?

Schnell überfliege ich den Vertrag, bei dem mir Hören und Sehen vergeht. Sobald ich seinen Namen trage, bin ich sein Eigentum. Sämtliche Rechte liegen in seiner Hand und das betrifft nicht nur mich, sondern auch unsere gemeinsamen Kinder, sollten wir jemals welche bekommen. Selbst wenn ich auf die Idee kommen würde, die Scheidung einzureichen, hätte ich keinerlei Chance, gegen ihn vor Gericht zu gewinnen. Wie kann er so etwas von mir verlangen?

In diesem Moment sehe ich Bailee vor mir, die dazu gezwungen wurde, Sage zu heiraten. Aus Hass wurde Liebe und ein Teil meines Herzens möchte daran glauben, eines Tages genauso glücklich zu sein, wie sie es ist. Sie hat mir etwas beigebracht, woran ich mich genau in diesem Augenblick erinnere. Gib die Hoffnung niemals auf, egal, wie schwer es auch ist. Schluckend nehme ich den Füller vom Schreibtisch und warte, bis Emilio zurück ist. Es dauert nur ein paar Minuten, dann öffnet sich die Tür. Mit großen Schritten kommt er auf mich zu und blickt auf den Vertrag, der gut sichtbar vor mir liegt.

»Du hast nicht unterschrieben?« Ich schüttle den Kopf.

»Warum?«, fragt er neugierig, während er auf seinen Stuhl zugeht. Stumm beobachte ich ihn dabei, wie er Platz nimmt, bevor ich zu einer Antwort ansetze. Noch immer bin ich etwas vorsichtig, wenn es um Emilio geht. Ich kann ihn einfach nicht einschätzen, was es so gefährlich für mich macht.

»Ich habe zwei Bedingungen!« Schallend lacht er auf. So ein Arsch, denkt er etwa, ich würde Scherze machen? Angepisst erhebe ich mich von meinem Stuhl und drehe mich auf dem Absatz um. Ich tue mir das keine Sekunde länger an. Es war von vornherein ein Fehler, hier aufzutauchen, überlege ich gerade, als er mich am Handgelenk packt und mit Schwung zu sich dreht. Unsanft lande ich an seiner breiten Brust, die sich unter meinen Händen viel zu hart anfühlt. Ich bin mir sicher, sein Körper besteht nur aus Muskeln. Stoßweise ringe ich um Atem und blicke in seine dunklen Augen, die mich gefährlich mustern. Schnell weiche ich ein Stück vor ihm zurück, aus Angst, ihm zu nahe getreten zu sein. Ich habe das Gefühl, die Situation spitzt sich von Sekunde zu Sekunde immer mehr zu. Die Luft zwischen uns scheint regelrecht zu brennen.

»Mia stella, mein Stern, denkst du ernsthaft, ich lasse dich so einfach gehen?«, grinst er überheblich und drängt mich gegen die Wand in meinem Rücken. Ich atme hart aus und blicke ihn trotzig an. Meine Unterschrift steht noch nicht einmal unter dem Ehevertrag und trotzdem denkt er, über mich bestimmen zu können. Wenn er sich da mal nicht täuscht.

»Du wirst mich gehen lassen müssen, Emilio. Ich werde diesen Vertrag niemals unterschreiben«, zische ich leise auf, weil ich seine Beule überdeutlich an meinem Bauch spüren kann.

»Du wirst den Vertrag unterschreiben, dafür werde ich schon sorgen.« Als hätte er mir ein Versprechen gegeben, landen seine Lippen hart auf meinen. Er küsst mich voller Gier und Leidenschaft. Seine Hände sind überall auf meinem Körper und ich genieße seine Berührungen. So lange, bis sich mein Gehirn meldet und laut einen Namen schreit, den ich nie wieder hören wollte.

»Tiago«, wimmere ich leise und spüre, wie sich mein Herz schmerzhaft zusammenzieht.

Unsanft stoße ich Emilio von mir. Sein Gesichtsausdruck verhärtet sich, was ihn noch eine Spur gefährlicher erscheinen lässt. Nur mit Mühe kann ich mich davon abhalten, die Flut zu ergreifen.

»Ich wusste doch, einer dieser Wichser hat dir das Herz gebrochen«, knurrt er kalt. Ich brauche eine Sekunde, um zu verstehen, wovon er da redet. Habe ich den Namen etwa laut ausgesprochen? Scheiße, was habe ich getan? Der Mann ist wie ein Fluch, dabei bin ich doch hier bei Emilio, um Tiago endlich hinter mir zu lassen. Es wird Zeit, drastische Schritte zu gehen, sonst werde ich niemals von ihm loskommen.

»Emilio, wann soll die Hochzeit stattfinden?«, platzt es unüberlegt aus mir heraus. Ich hoffe nur, ich bereue es nicht irgendwann. Aber schlimmer kann es ohnehin kaum werden, nicht wahr?

»Heute in einer Woche!« Holy shit, in sieben Tagen soll ich ihn schon heiraten? Das ist verflucht nochmal viel zu schnell. Aber eine andere Wahl habe ich nicht, oder?

Tiago

Zwei Tage ist es her, seit ich mitansehen musste, wie Julie mit Catalano händchenhaltend verschwunden ist. Es wäre besser, sie ein für alle Mal zu vergessen. Doch ich kann es nicht. Nicht, wenn ich weiß, wozu dieser Wichser fähig ist. Sollte er ihr ein Haar krümmen, werde ich ihn dafür leiden lassen. Ich werde ihm das Fleisch Stück für Stück von den Knochen trennen und seinen Pitbulls zum Fraß vorwerfen. Was anderes hat dieses Stück Scheiße nicht verdient. Er mag zwar einer der erfolgreichsten Dons sein, doch menschlich gesehen ist er der reinste Abschaum. Schlimmer als Sage und Slade zusammen und das ist noch untertrieben. Es hat schon einen Grund, warum er bisher keine Frau vor den Altar zerren konnte. Sobald die Weiber checken, was für ein Wichser er ist, suchen sie das Weite. Zu recht.

Doch ich befürchte, Julie wird diese Gelegenheit nicht bekommen. Dafür wird Catalano höchstpersönlich sorgen. So gut kenne ich ihn, auch wenn ich in der Vergangenheit nicht wirklich in den Genuss gekommen bin, ihm auf den Zahn zu fühlen. Schade eigentlich. Aber was nicht ist, kann ja noch werden. Doch zuvor muss ich notgedrungen in den sauren Apfel beißen und meine Brüder um Hilfe bitten. Wie sehr ich mich darauf freue. Nicht. Lion mag vielleicht Verständnis für mich und meine Situation haben. Aber Sage? Never. Er wird mir den Arsch aufreißen. Garantiert. Fuck. Wieso habe ich ihn nicht gleich angerufen? Mit jedem Tag, an dem ich warte, mache ich es nur noch schlimmer. Wenn ich den Gerüchten Glauben schenken darf, soll Julie Catalano bereits in fünf Tagen heiraten. Mir läuft die Zeit davon.

Innerlich kochend nehme ich mein Handy in die Hand und wähle notgedrungen die Nummer von Lion.

Freiwillig. Nach dem zweiten Tuten geht er ran und wie mir scheint, ist seine Stimmung nicht die beste. Und das ist noch nett ausgedrückt. Er ist mächtig angepisst und ich weiß genau, woran das liegt. Weil ich seine Anrufe seit Tagen ignoriere. Ich weiß, er macht sich Sorgen und für gewöhnlich habe ich auch keine Probleme damit, ihm Rede und Antwort zu stehen. Aber es gibt Dinge, die muss ich ohne die Famiglia regeln. Ich brauche keinen Sage, der mir erklärt, ich solle Julie einfach fesseln, um sie nach Rom zu bringen. Genauso wenig einen Slade, der mir rät, ich müsse sie betäuben, damit sie sich nicht wehren kann. Da mache ich es lieber auf meine Weise, um sie von mir zu überzeugen. Wenn sie mich noch immer liebt und ich glaube fest daran, dass sie das tut, wird sie früher oder später mit mir kommen, davon bin ich überzeugt.

»Oh, der verlorene Bruder meldet sich aus der Versenkung. Ist dir nach der ganzen Fickerei der

Schwanz abgefallen oder ist dir einfach nur langweilig? Verdammt nochmal, Tiago … Ich habe mir fucking Sorgen um deinen fetten Arsch gemacht, ist dir das eigentlich klar?« Mit jedem Wort wird Lion lauter und ich frage mich für eine Sekunde, ob ich tatsächlich mit dem richtigen Angelotti spreche. So aufbrausend kenne ich ihn gar nicht. Er muss wirklich angepisst sein, stelle ich murrend fest und warte, bis er sich einigermaßen beruhigt hat. Als ein kleines Seufzen am anderen Ende der Leitung zu hören ist, räuspere ich mich leise.

»Lion, mir geht es gut, okay? Ich weiß, du hast dir Sorgen gemacht, aber es gibt Dinge, bei denen ich keinen Babysitter brauche«, sage ich angefressen und trinke in einem Zug den Shot aus, um meine angespannten Nerven zu beruhigen. Verfickte Scheiße nochmal. Wann lernen sie endlich, mich wie einen Mann zu behandeln? Ich bin fünfundzwanzig Jahre alt, habe schon mehr Leichen gesehen als die Gerichtsmediziner hier in Philadelphia und trotzdem tun meine Brüder so, als wäre ich der unfähigste Wichser des Landes. Hört das denn niemals auf? Was muss ich noch tun, damit sie mir endlich das Vertrauen entgegenbringen, das ich verdient habe? Ich bin einer von ihnen, ob es meinen Brüdern nun passt oder nicht.

»Wen nennst du hier einen verfickten Babysitter, du kleiner Scheißer?«, höre ich die aufgebrachte Stimme von Sage aus dem Hintergrund. Das kann doch alles nicht wahr sein. Erst Lion und jetzt noch Sage? Was kommt denn als nächstes? Slade, der mir mit seinen glorreichen Beziehungstipps helfen will, obwohl er in seinem Leben nichts, aber auch gar nichts auf die Reihe bekommt? Ich glaube, ich bin in einem falschen Film gelandet. Es fehlt nicht viel und ich beende dieses Gespräch. Nur der Gedanke an Julie hält mich davon ab, es wirklich zu tun.

»Ernsthaft, Lion?« Seufzend schüttle ich den Kopf und starre wie benommen in mein leeres Glas.

»Es tut mir leid, Mann. Aber du kennst Sage«, entschuldigt er sich halbherzig bei mir. Ob es ihm wirklich so leidtut, wie er mir vormachen will, sei mal dahingestellt. Denn im Grunde weiß ich, was er mir damit begreiflich machen möchte. Ich bin ihr Bruder und Teil dieser Famiglia. Ich hoffe, er ist nach unserem Gespräch derselben Meinung, sonst bin ich echt geliefert. Zudem ich ganz sicher nicht scharf drauf bin, durch Sages Hand zu sterben. Er hat uns zwar versprochen, nach Alessandro und Matteo wäre Schluss damit. Aber ich kenne meinen Bruder und wenn er sich etwas in den Kopf gesetzt hat, zieht er es knallhart durch. Mit allen Konsequenzen.

»Vergiss es Lion, mir hätte klar sein müssen, dass Sage dir auf den Zahn fühlt. Aber deshalb rufe ich nicht an, sondern weil ich eure Hilfe brauche!« Nie sind mir Worte so schwergefallen wie in diesem Moment. Doch ich muss über meinen Schatten springen. Für Julie, und ganz ehrlich? Ich bereue es keine Sekunde.

»Das klingt so, als müssten wir in den nächsten Flieger steigen, habe ich recht?«, sagt Lion amüsiert.

»Nein«, widerspricht ausgerechnet Slade, mit dem ich ganz und gar nicht gerechnet habe. Irgendwie hätte mir klar sein müssen: Wo ein Angelotti ist, sind die anderen nicht weit. So langsam verstehe ich die Abneigung der Typen, die darauf aus sind, unsere Famiglia zu vernichten. Wir sind schlimmer als jede Plage. Trotzdem kann ich nicht umhin, auch Stolz zu empfinden, einer von ihnen zu sein. Zum ersten Mal seit Tagen legt sich ein sanftes Lächeln auf meine Lippen. Meine Brüder streiten zu hören, fühlt sich herrlich normal an.

»Es klingt so, als müssten wir ganz Philadelphia niederbrennen.« Oh mein fucking Gott, ist Slade von allen guten Geistern verlassen? Als hätte Sage meinen Gedanken belauscht, gerät er in Streit mit Slade, während ich mich entspannt zurücklehne. Grinsend lausche ich den beiden zu und frage mich, wie Lion das nur aushält. Er gerät mal wieder in einer hitzigen Diskussion zwischen den beiden Streithähnen und ist die Ruhe selbst. Keine Ahnung wie er das anstellt, so gelassen zu bleiben. Vermutlich hat er keine Lust einzugreifen, weil er genau weiß, wie es für gewöhnlich endet. Irgendwann verliert Sage die Kontrolle und rammt seine Faust in Slades dämliche Fresse, weil er ihn absichtlich provoziert. Die Hoffnung, es könnte anders sein, habe ich vor langer Zeit begraben. So wie Lion auch, der das Ganze stillschweigend zu genießen scheint. Na, wenn das so ist, kann ich es ihm gleichtun und mir ein Sandwich zubereiten. Auf nackten Sohlen gehe ich in die angrenzende Küche, stelle das Handy auf laut und mache mich an die Arbeit. Gemütlich sitze ich auf dem Barhocker und beiße von meinem Snack ab, als mit einem Mal völlige Stille herrscht.

»Lebt ihr noch oder hat Sage mal wieder sein Spielzeug gezogen, um Slade Angst einzujagen?«, frage ich neugierig und starre auf mein Display. Ich höre Lions glockenklares Lachen, was mich irgendwie beruhigt.

»Wir leben beide noch, Kleiner«, blafft Sage ungehalten, wie ich es bereits seit meiner frühen Kindheit von ihm kenne. Der Typ versteht echt keinen Spaß. Erst recht nicht, wenn es um die Menschen geht, die ihm nahe stehen. Wir alle tragen das Zeichen der Omertà auf der Brust, was uns nicht nur zu Brüdern, sondern zu Verbündeten macht. Niemals würde ich auf die Idee kommen, diesen Schwur zu brechen. Ich hänge an meinem Leben und an dieser Famiglia, obwohl es Tage gibt, an denen ich nicht verstehen kann, wieso ich das tue. So wie heute.

»Man wird ja wohl noch fragen dürfen«, murre ich gespielt beleidigt. »Außerdem sollst du mich nicht immer Kleiner nennen, Sage«, setze ich nach, nachdem ich den letzten Bissen meines Sandwichs heruntergeschluckt habe.

»Du wirst bis in alle Ewigkeit der kleine Scheißer bleiben, ob es dir nun passt oder nicht, Tiago. Genau wie Slade immer der Psycho und Lion ein wandelndes Mysterium sein wird«, entgegnet er genervt. Auch wenn es mir eigentlich ernst damit ist, muss ich unwillkürlich lachen. Ich kann mir schon vorstellen, wie Lion bei diesem dämlichen Vergleich die Augen verdreht. Einen Moment herrscht Schweigen zwischen uns, was ich zum Anlass nehme, ihnen zu offenbaren, warum ich sie um Hilfe gebeten habe. Noch immer tappen sie im Dunkeln und es wird Zeit, dies schleunigst zu ändern.

»Julie hat vor, Catalano in fünf Tagen zu heiraten«, lasse ich die Bombe platzen.

»Bitte was? Ich dachte, du vögelst der kleinen Französin seit Jahren das Hirn raus? Wieso will sie ausgerechnet diesen Wichser heiraten?« Ich höre, wie verwirrt Sage ist, und ich kann es ihm keineswegs verdenken. Schließlich hat er keine Ahnung, was in den letzten Wochen zwischen mir und Julie abgegangen ist. Niemand weiß davon, außer Lion. Doch er hüllt sich in Schweigen, genau wie ich. Es ist unser kleines Geheimnis und ich habe nicht vor, mit den anderen darüber zu sprechen, solange er es nicht tut.

»Sage, es ist kompliziert!«

»Das ist es immer, wenn eine Frau im Spiel ist. Trotzdem verstehe ich nicht, warum sie Catalano heiraten will und was du damit zu tun hast«, stellt er mich zur Rede.

»Weil ich sie liebe!«

»Und deshalb heiratet sie Catalano? Willst du mich verarschen? Wenn du meine Hilfe willst, dann mach endlich deine dämliche Fresse auf, Tiago!« Zu sagen, Sage wäre angepisst, ist mächtig untertrieben. Ich wusste doch, er würde austicken. Genau aus diesem Grund wollte ich zuerst mit Lion sprechen.

»Sage, was hältst du davon, wenn du zu Bambi gehst und dich etwas abreagierst«, fragt Slade unseren Bruder amüsiert. Ist er von allen guten Geistern verlassen? Sage ist rasend vor Wut und er hat nichts Besseres zu tun, als ihn zu provozieren? Schnell unterbreche ich die beiden, bevor es mal wieder in eine ihrer endlosen Streitigkeiten ausartet. Manchmal benehmen sie sich schlimmer als Kinder.

»Ich werde Emilio Catalano einen Besuch abstatten und glaub mir, ich werde nicht eher gehen, bis Julie mit mir kommt!« Fest entschlossen spreche ich meinen Gedanken aus, der meine Brüder für einen Augenblick lang verstummen lässt.

»Bist du verrückt geworden? Du kannst nicht in Catalanos Villa hineinspazieren und seine Braut entführen. Es würde einer Kriegserklärung gleichkommen«, warnt mich Slade eindringlich vor den Folgen. Mit einem Mal klingt er viel zu ernst. Denkt er tatsächlich, ich wüsste nicht, wie gefährlich das hier ist? Ich bin mir bewusst, in welches Wespennest ich steche, sollte ich Julie aus Catalanos Händen befreien. Und dass ich es tun werde, steht außer Frage. Ich bin ein Angelotti und wir lassen unsere Frauen niemals im Stich. Ich bin bereit, diesen Kampf zu gewinnen. Ob nun mit oder ohne meine Brüder, wird sich zeigen. Vermutlich hat dieser elende Bastard nur auf so eine Gelegenheit gewartet, um Sage den Krieg zu erklären. Dass ich der Grund dafür bin, schmeckt mir ganz und gar nicht. Aber welche Wahl habe ich? Er würde dasselbe für seine Bambi tun, nicht wahr?

»Slade, du verstehst das nicht. Ich liebe Julie und wäre ich nicht so ein Idiot gewesen, würde sie gar nicht darüber nachdenken, einen anderen zu heiraten. Es ist allein meine Schuld«, gestehe ich ihm zähneknirschend.

»Sage, du weißt, ich würde dich nicht bitten, wenn …« Doch er lässt mich gar nicht erst zu Wort kommen.

»Gib mir zwölf Stunden«, sagt er kalt und beendet das Gespräch ohne eine Verabschiedung. So ein Wichser. Wieso zur Hölle tut er das? Angepisst gehe ich mit meinem Handy ins Bett und öffne den Chat mit Bailee. Ich denke, ich bin ihr eine Erklärung schuldig und ich hoffe, sie wird mir verzeihen.

Tiago: Bailee, es tut mir leid, mein Versprechen nicht halten zu können. Ich weiß, du hast Angst um Sage. Aber ohne seine Hilfe wird Julie sterben.

Julie

Drei Tage ist es her, seit ich den Vertrag unterschrieben habe und obwohl ich noch immer nicht voll und ganz davon überzeugt bin, das Richtige zu tun, werde ich es durchziehen. Mit allen Konsequenzen. Sicherlich wird die Angst, die ich in seiner Gegenwart empfinge, irgendwann verschwinden, wenn ich Emilio erst etwas besser kenne. Er ist eben ein Mann, der durch und durch Dominanz und Macht ausstrahlt. Da kann ich kaum erwarten, dass er bei mir eine Ausnahme macht. Er ist es halt gewohnt, seinen Willen zu bekommen, wenn er mit den Fingern schnippt.

Doch bei mir wird er sich noch dran gewöhnen müssen, eine Frau an seiner Seite zu haben, die sich nicht alles gefallen lässt. Ich werde die zukünftige

Mrs. Catalano und ich werde mich gegen meinen Mann behaupten. Ganz zum Leidwesen von Emilio. Der Punkt bezüglich der Kinder hat ihm einen kleinen Vorgeschmack auf das gegeben, was ihn erwartet. Ich kämpfe für die Dinge, die mir am Herzen liegen. Auch wenn ich mit dem Ergebnis nicht vollends zufrieden bin, konnte ich einen Kompromiss herausschlagen. Der erste kleine Sieg, der verdammt süß auf meiner Zunge schmeckt.

Mit einem Lächeln blicke ich zu Emilio, der genüsslich seinen Espresso trinkt und keine Notiz von mir zu nehmen scheint. Er ist völlig in Gedanken versunken, seit er vor einer Stunde ein dringendes Telefonat erledigen musste. Irgendwas muss vorgefallen sein. Die Frage ist nur, was. Meine Neugier bringt mich beinahe um, trotzdem weiß ich, wann es besser ist, den Mund zu halten. So wie jetzt.

Lustlos stochere ich in meinem Essen herum. Mehr als drei Happen habe ich einfach nicht runter bekommen, seitdem ich überlege, etwas an meinem Aussehen zu verändern. Alles an mir schreit nach der Vergangenheit mit Tiago. Ich weiß genau, wie sehr er meine blonden Haare geliebt hat. Es wird also an der Zeit, sich endgültig davon zu lösen. Am besten gleich heute. Die Frage ist nur, wie ich Emilio dazu bringen kann, mich gehen zu lassen.

Seit dem Abend, an dem ich mit Celeste diese Villa betreten habe, versteckt er mich wie ein gut behütetes Geheimnis, um mich zu beschützen. Es waren seine Worte, nicht meine. Dabei würde ich jetzt lieber mit meiner besten Freundin in irgendeinem Café sitzen, wie wir es früher so gern getan haben. Doch Emilio hat mich ausdrücklich davor gewarnt, allein loszuziehen. Überall lauert Gefahr, die von seinen Feinden ausgeht.

Allen voran Sage Angelotti, der scheinbar eine Rechnung mit ihm offen hat. Wundern tut es mich nicht. Schließlich ist Mr. Angelotti nicht dafür bekannt, sehr umgänglich zu sein. Im Gegenteil. Er ist aufbrausend, immerzu schlecht gelaunt und eine falsche Bewegung reicht aus, sein Gegenüber mit einem Schuss ins Jenseits zu befördern. Vielleicht denkt er, ich hätte nicht mitbekommen, was hinter den Türen geschehen ist, aber da irrt er sich gewaltig. Ich habe Sachen gesehen, die könnten mich in ernsthafte Schwierigkeiten bringen. Aus diesem Grund habe ich all die Jahre geschwiegen und ich habe auch nicht vor, ein Wort darüber zu verlieren. Meinen Lippen sind versiegelt. Ganz gleich, ob ich das Zeichen der Omertà auf meiner Brust trage oder nicht. Es versteht sich von selbst zu schweigen. Erst recht, wenn man weiß, zu welcher Organisation sie gehören. Diese Männer kennen nur das Gesetz der Mafia, was sie zu den Tieren macht, die sie sind. Niemand bei klarem Verstand stellt sich ihnen in den Weg.

Ich werde wohl noch lernen müssen, von nun an ein Teil davon zu sein. Mein Ja-Wort wird mich nicht nur zu einer der mächtigsten Frauen des Landes machen, ich stelle auch automatisch eine Gefahr für den Mann dar, mit dem ich vor den Altar treten werde. Mein Leben wird sich von Grund auf ändern, umso eher ich das akzeptiere, desto leichter wird es mir fallen, Mr. Catalano zu lieben. Aufrichtig zu lieben, so wie ich Tiago geliebt habe. Und ein Teil meines Herzens noch immer tut.

Wann hört dieser Schmerz endlich auf? Tiago Angelotti zu vergessen, gestaltet sich schwieriger, als ich angenommen habe. So langsam verstehe ich Celeste, die nie von Slade losgekommen ist, obwohl er sie wie den letzten Dreck behandelt hat. Eines muss man diesen Männern lassen, wenn sie dich ficken, dann so, dass du sie nie wieder vergisst. Es ist, als hätte er mich für jeden Typen versaut. Erneut denke ich an ihn, obwohl ich mir geschworen habe, genau das nicht zu tun. Ich muss mich dringend ablenken, sonst verliere ich noch den Verstand.

Aus zusammengekniffenen Augen starre ich zu Emilio und sage entschlossen: »Ich muss zum Friseur.« Er nickt kurz. Wie in Zeitlupe faltet er seine Zeitung zusammen und sieht mich nachdenklich an.

»Stefano wird sich darum kümmern«, antwortet er mit eiskalter Stimme. Langsam erhebt er sich von seinem Stuhl am anderen Ende des Tisches. Stumm beobachte ich ihn dabei, wie er mit großen Schritten auf mich zukommt. Tief inhaliere ich den Duft seines Aftershaves, während er sich zu mir beugt und einen Kuss auf mein blondes Haar tupft. Ohne ein weiteres Wort verschwindet er aus dem Saal und lässt mich mit gemischten Gefühlen allein zurück. Ob er am Morgen immer so mürrisch ist?

Nachdenklich trinke ich den Rest meines Organgensaftes, als die Tür aufgeht. Aus großen Augen starre ich zu dem in Schwarz gekleideten Bodyguard, den ich bisher nur einmal gesehen habe. Er ist der Schatten von Emilio. Wie war noch gleich sein Name? Ach ja, Stefano. Das ging verdammt schnell. Hastig erhebe ich mich und werfe mich freudestrahlend in seine Arme. Etwas perplex schiebt er mich unsanft von sich, was mich leise kichern lässt. Der Kerl ist so groß wie ein Riese. Warum hat er Angst vor einer kleinen Umarmung? Amüsiert schüttle ich den Kopf und blicke ihn von oben bis unten an. Seine braunen Augen blitzen mich gefährlich an, die schwarzen Haare hat er zu einem Man Bun gebunden und der enganliegende

Anzug lässt kaum Raum für Fantasien. Er ist Sex auf zwei Beinen.

»Miss, was zur Hölle tun Sie da?«, knurrt er kalt. War das nicht offensichtlich? Ich habe mich gefreut. Nur scheint es so, als wäre das in diesem Haus nicht erwünscht. Bei all den Regeln, die hier gelten, bekomme ich bald ein Schleudertrauma. Nichtsdestotrotz lasse ich mich davon nicht unterkriegen und wende mich von ihm ab. Mein Weg führt mich direkt in das Zimmer, in dem ich die meiste Zeit des Tages vor Langeweile beinahe umkomme. Umso mehr freue ich mich auf den Friseur, der mich für eine Weile auf andere Gedanken bringen wird.

Fest entschlossen, Stefanos Anwesenheit zu ignorieren, ziehe ich mir einen Pullover über, den Emilio in einer Nacht- und Nebelaktion besorgt hat. Es ist nicht so, dass er mir nicht gefällt. Es passt nur nicht zu der Person, die ich bin. Vielleicht sollte ich den Chauffeur bitten, bei mir zu Hause anzuhalten, damit ich ein paar von meinen Klamotten mitnehmen kann, an denen ich hänge.

Mit hoch erhobenem Haupt verlasse ich die Villa. Dicht gefolgt von dem unnahbaren Riesen, der mir auf Schritt und Tritt an den Fersen klebt. Schon jetzt geht mir seinc Anwesenheit mächtig auf die Nerven. Nur mit Mühe gelingt es mir, ihm keine Beachtung zu schenken. Draußen vor der Villa wartet ein Chauffeur, der mich mit einem sanften Lächeln begrüßt. Scheinbar hat Emilio an alles gedacht, selbst an einen Fahrer, damit ich nicht zu Fuß gehen muss. Dabei hätte ich gegen einen kleinen Spaziergang sicher nichts einzuwenden gehabt.

Viel zu lange ist es her, seit ich im Morgengrauen die Natur genießen konnte. Ich mag es, die Sonne aufgehen zu sehen, während im Hintergrund die Vögel zwitschern. Es ist eines der Dinge, die ich wirklich vermisse. Vielleicht sollte ich bei Gelegenheit Emilio danach fragen, ob ich ohne Begleitung in den Park hinter der Villa gehen darf. Kurz werfe ich einen sehnsüchtigen Blick in den Himmel, ehe ich mich dem Fahrer zuwende.

»Buongiorno signorina, Guten Morgen, Miss«, nickt er mir freundlich zu, nachdem er mir die Tür geöffnet hat, damit ich einsteigen kann. Seufzend lasse ich mich in die weichen Polster sinken, bevor ich Daniele die Anweisung gebe, zu mir zu fahren. Sehr zum Missfallen von Stefano, der mich mit seinem eiskalten Blick zähneknirschend durch den Rückspiegel mustert.

Was für ein Idiot. Nur weil ich die zukünftige Mrs. Catalano werde, heißt es noch lange nicht, dass ich das tue, was er von mir verlangt. Grinsend strecke ich ihm die Zunge entgegen. Schnaubend funkelt er mich böse an und ich kann nicht anders, als schallend aufzulachen. Denkt er etwa, er könne mich einschüchtern? Ich habe jahrelang Tür an Tür mit Sage Angelotti geschlafen und wenn ich eines gelernt habe, dann, dass er auch nur ein Mensch ist. Genau wie dieses Exemplar von Mann, das mich mit einem finsteren Blick einzuschüchtern versucht. Jedoch ohne Erfolg. So langsam finde ich nämlich Gefallen daran, Stefano zu provozieren. Mit verschränkten Armen lehne ich meinen Kopf an die kühle Scheibe und summe die Melodie von »Ella, elle l`a«. Dieses französische Lied hat mich meine gesamte Kindheit begleitet. Meine Momie, Mama, hat es geliebt. Vermutlich ist das der Grund, warum ich es oftmals in Gedanken singe, so wie in diesem Augenblick. Weil es mir ein Gefühl von Heimat vermittelt, an einem Ort, der so viel Kälte ausstrahlt.

Sicher werde ich mich noch daran gewöhnen, gebe ich mir selbst Mut und bin froh, als keine zwanzig Minuten später die Limousine vor meinem Hau hält.

Ich habe das Gefühl, eine andere Welt zu betreten. Vorsichtig öffne ich die Tür und steige aus bevor Daniele sich in Bewegung setzen kann Ehrfurchtsvoll blicke ich die Fassade empor und zögere nicht eine Sekunde, ins Innere zu stürmen Zwei Stufen auf einmal nehmend renne ich nach oben und ignoriere die wütenden Rufe von Stefano Was auch immer er will, ich habe keine Zeit, auf ihn zu warten.

Voller Vorfreude betrete ich meine kleine bescheidene Wohnung. Unwillkürlich muss ich lächeln. Mit großen Schritten gehe ich auf den Kleiderschrank zu, ziehe zwei Koffer herunter und werfe meine Klamotten unter der Beobachtung von

Stefanos wachsamen Augen hinein. Leider schafft es nur ein Bruchteil von dem, was ich mitnehmen wollte, in den Koffer. Ich habe einfach viel davon. Frustriert stöhne ich auf, bevor ich mein Gepäck vom Bett ziehe und Stefano hinter mir lasse. Ich bitte ihn nicht um Hilfe, sondern gehe in die Küche, um die wichtigsten Papiere mitzunehmen.

Anschließend verlasse ich meine Wohnung, ohne mich ein letztes Mal umzusehen. Ich lasse alles hinter mir und schließe mit dem ersten Teil meiner Vergangenheit ab. Zum Glück kommt mir Daniele aufgeregt entgegen und nimmt mir die schweren Koffer ab. Schnurstracks gehe ich auf die Limousine zu und warte. Nach gefühlten Stunden öffnet Stefano mürrisch die Tür und wirft ohne ein Wort Säcke ins Innere des Wagens. Aus großen Augen starre ich auf meine Klamotten. Oh mein Gott. Hat er tatsächlich? Dankbar lächle ich ihm zu.

»Nichts!«, erwidert er bissig. Sprachlos schaue ich zu dem Riesen mit den eiskalten Augen. Mit einem lauten Knall schließt er die Tür, bevor er sich auf den Beifahrersitz setzt und wir unsere Fahrt fortsetzen. Nichts. Tolle Antwort. So ein Idiot.

Der einzige Lichtblick an diesem Morgen ist der Friseurtermin, auf den ich mich wirklich freue. Vor dem Laden angekommen, warte ich nach Danieles Anweisung, bis er mir die Tür öffnet.

»Merci«, bedanke ich mich bei ihm mit einem sanften Lächeln. Er nickt kurz. Seufzend wende ich mich von ihm ab, gehe auf den Friseurladen zu und wie nicht anders zu erwarten, folgt mir Stefano.

»Sie müssen die Verlobte von Mr. Calatano sein, nicht wahr?«, werde ich von einer rothaarigen Schönheit begrüßt.

»Nennen Sie mich einfach Julie«, erwidere ich leise.

»Natürlich, kommen Sie mit mir«, bittet sie mich freundlich. Das lasse ich mir bestimmt kein zweites Mal sagen. Lächelnd setze ich mich in den Stuhl und blicke sie durch den Spiegel hindurch an. Ich gebe ihr genaue Anweisungen, die meinem Bodyguard ganz und gar nicht gefallen. Umso mehr ich ins Detail gehe, desto finsterer werden seine Gesichtszüge.

»Weiß Emilio, was du vorhast?«, knurrt Stefano mit kalter Stimme. Soll das ein Witz sein?

»Lassen Sie sich nicht von dem Riesen einschüchtern. Ich habe gesagt, ich möchte meine Haare schwarz färben und ich werde mich ganz sicher nicht davon abbringen lassen!« Ich bin eine erwachsene Frau und ich werde ganz sicher nicht um Erlaubnis fragen. So weit kommt es noch.

Tiago

Knapp elf Stunden nach meinem Gespräch mit meinen Brüdern hämmert jemand ungeduldig gegen die Tür meines Hotelzimmers und ich weiß genau, wer es ist. Es kann nur einer sein. Slade. Seine Zündschnur ist verdammt kurz. Der Typ hasst nichts mehr, als zu warten. Dabei wollte ich ihm den Anblick meines nackten Schwanzes gerne ersparen. In Windeseile ziehe ich mir meine schwarze Jogginghose über und öffne die Tür. Verschlafen blicke ich in die Gesichter von Slade, Sage, Lion, Massimo und Rocco. Jetzt ist die Famiglia wieder zusammen und ich kann gar nicht in Worte fassen, wie sehr ich mich freue, jeden Einzelnen von ihnen zu sehen.

»Pissbacke, hast du dir noch einen runtergeholt

oder warum lässt du uns so lange warten?« Slade ist mal wieder in Höchstform. Wundert es mich? Nicht im Geringsten. Genervt verdrehe ich die Augen und öffne die Tür ein Stück, um sie hereinzulassen. Mit angehaltenem Atem blicke ich zu Sage, der mich auffällig mustert. Ihm ist anzusehen, wie wütend er auf mich ist. Vermutlich hat seine Laune mit Bailee zu tun, die mit den Mädels in Rom geblieben ist. Es ist zu ihrer und unserer Sicherheit. Würde ihr etwas zustoßen, könnte ich mir das niemals verzeihen.

Wie es erst in Sage aussieht, will ich mir nicht mal annähernd vorstellen. Er hat Angst um sie und seine Töchter, was auch der Grund dafür ist, warum ich so lange gezögert habe, ihn anzurufen. In Rom war er in Sicherheit, doch wie es in Philadelphia ist, weiß niemand. Was ist, wenn die Wichser nur auf so eine Gelegenheit gewartet haben? Hier ist er den Tieren restlos ausgeliefert und es ist allein meine Schuld.

Hätte ich Julie doch nur früher nach Rom geschafft, dann wäre ich nie in die Lage gekommen, Sage um Hilfe bitten zu müssen. Seine Anwesenheit stellt ein großes Risiko dar. Catalano will ihn lieber tot als lebendig sehen. Wer möchte das nicht? Sage ist noch immer der unangefochtene König von Philadelphia. Kein Wunder, dass er von seinen Feinden so sehr gehasst wird.

Mal wieder überkommt mich das schlechte Gewissen. Ich atme tief durch und blicke zu Sage, während die anderen nach dem langen Flug die Bar plündern. Ich höre, wie sie im Hintergrund miteinander lachen und doch habe ich nur Augen für den Mann, der vor mir steht. Sage Angelotti. Der Don von Rom und mein Bruder. Schluckend stehe ich ihm gegenüber und spüre, wie die Anspannung in mir wächst. Sekundenlang starren wir uns wortlos an, bis ich das Schweigen breche, weil ich es nicht mehr ertrage. Ich war in diesem Spiel nie besonders gut und gegen ihn habe ich ohnehin keine Chance.

»Sage, ich weiß …«, setze ich an.

»Du weißt gar nichts, Tiago. Du bist mein Bruder und ich hatte verdammt nochmal eine Scheißangst, dir wäre etwas passiert. Also wag es nie wieder, meine Anrufe zu ignorieren, sonst bist du ein toter Mann«, knurrt er kalt und zieht mich in eine feste Umarmung. Überrumpelt und erleichtert zugleich erwidere ich diese Geste. Ich hatte wirklich mit allem gerechnet, aber mit einem Sage, dem anzusehen ist, wie aufgewühlt er ist, garantiert nicht. Hätte er mir seine blöde Waffe an die Stirn gehalten oder mir seine Faust ins Gesicht gerammt, wäre ich keineswegs überrascht gewesen. Doch diese Art von Gefühlsausbruch ist völlig neu für mich. Für einen kurzen Moment atme ich den typischen Geruch von Leder, der an Sage haftet, tief ein.

»Es tut mir wirklich leid, Sage. Aber ich wollte das hier allein durchziehen. Julie ist …«

»Eine Frau und glaub mir, es gibt Dinge, über die verhandelt man nicht. Nicht, wenn man sie liebt«, gluckst Sage und ich weiß genau, an wen er in diesem Augenblick denken muss. An Bailee, wie könnte es anders sein. Sie ist nicht gerade dafür bekannt, kompromissbereit zu sein. Ich glaube, sie ist die einzige Frau, die Sage jemals auf diese Art und Weise entgegengetreten ist, ohne zu sterben.

»Ich kenne deine Methoden, du Spinner, und genau aus diesem Grund wollte ich es anders machen. Was hätte es mir gebracht, sie nach Rom zu entführen?« Sein dämliches Grinsen ist Antwort genug.

»Das kann ich dir sagen, Kleiner. Dann würde ich jetzt meine Frau vögeln, anstatt deinen Arsch zu retten. Dank mir also später.« Ist das zu fassen? Er kommt hier her nach Philadelphia und alles, woran er denken kann, ist Sex mit Bailee? Ich kann es nicht glauben. Wüsste ich es nicht besser, würde ich behaupten, er ist auf Sexentzug. Aber das Stöhnen von Bailee dringt jede Nacht bis in den Flur, sodass kaum die Rede davon sein kann.

»Du solltest lieber vorsichtig sein, sie zu vögeln. Wir wissen alle, wie es beim letzten Mal ausgegangen ist. Bist du dir sicher, du erträgst noch drei weitere Mädels wie Alessandra?« Ich provoziere Sage absichtlich, um ihn für einen Moment auf andere Gedanken zu bringen. Mit Erfolg. Das Glitzern in seinen Augen verrät mir mehr, als er vielleicht denkt. Mein Plan hat funktioniert. Man sieht ihm deutlich an, wie die Anspannung von ihm abfällt. Lachend schüttelt er den Kopf.

»Wenn du wüsstest, Kleiner«, sagt er verschwörerisch und legt seinen Arm um mich, während wir zu den anderen gehen. Was auch immer er damit andeuten wollte, es hat sicher mit Bailee oder den Mädchen zu tun. Die Frage ist nur, was? Hat Sage etwa Geheimnisse vor uns? Ausgerechnet er? Wir alle wissen, wie sehr er so etwas hasst. Seit Matteo ihn derart ans Messer geliefert hat, ist er in diesem Punkt noch misstrauischer. Kann ich es ihm verdenken? Die Antwort lautet ganz eindeutig: Nein. Die Famiglia hat darunter gelitten und es hat Monate gedauert, dort anzuknüpfen, wo wir einst standen. Uns blind zu vertrauen. So wie wir es heute wieder tun. Trotzdem habe ich das Gefühl, Sage würde irgendwas vor uns verheimlichen. Die Frage ist nur, was.

Argwöhnisch blicke ich zu meinem Bruder. Der Pisser lässt sich von unserem Gespräch nichts anmerken. Umso länger ich ihn betrachte, desto mehr packt mich die Neugier. Gerade in dem Moment, in dem ich Sage zur Rede stellen will, sind alle Augen auf mich gerichtet. Was zur Hölle ist hier los?

»Was?!«, frage ich genervt.

»Hast du uns überhaupt zugehört, du kleiner Scheißer? Ich will wissen, wo Julie und Catalano sind«, knurrt Slade ungehalten und die lockere Stimmung ist innerhalb von Sekunden dahin. Seufzend fahre ich mir durch die Haare und zucke hilflos mit den Schultern.

»Das fragst du ausgerechnet mich? Woher soll ich das wissen? Ich habe Julie vor vier Tagen das letzte Mal gesehen. Denkst du, ich habe euch zum Spaß um Hilfe gebeten?« Wütend funkle ich Slade an. So ein dämlicher Hund. Wenn ich wüsste, wo Julie steckt, hätte ich Lion nicht angerufen. Manchmal zweifle ich echt an Slades Verstand. So dumm kann er doch nicht sein, zu glauben, ich würde sie absichtlich in Gefahr bringen, damit sie mir den Arsch pudern. Aus dem Alter bin ich lange raus. Er weiß das so gut, wie ich. Trotzdem legt er es darauf an, mich mit seinen unangebrachten Worten zu provozieren. Reicht es denn nicht, dass er mit einer aufgeplatzten Lippe vor mir steht? Ich kann mir schon denken, wer dafür verantwortlich ist. Sage, wie könnte es anders sein? Ein Blick in sein wissendes Gesicht ist Antwort genug. Die beiden werden wohl nie erwachsen.

Genervt schüttle ich den Kopf und überlege krampfhaft, wie ich meinen Brüdern begreiflich machen soll, was gerade alles auf dem Spiel steht. Ich würde nicht nur die Frau verlieren, die ich liebe. So bald herauskommt, dass es eine Verbindung zwischen Julie und unserer Famiglia gibt, ist sie in unmittelbarer Gefahr. Vermutlich ist das der Grund, warum Catalano sie so schnell vor den Altar zerren will. Weil er genau weiß, wem sie gehört. Mir, und ich werde alles daran setzen, dass es so bleibt. Hoffentlich ist es nicht zu spät dafür. Hin und wieder sickern ein paar Gerüchte durch und ich hoffe inständig, sie bewahrheiten sich nicht. Denn dann läuft uns die Zeit wie Treibsand durch die Finger.

»Es wird gemunkelt, dass Catalano Julie am Samstag vor einigen geladenen Gästen in der St. Augustine Catholic Church heiraten will. Und bevor du fragst, nein, wir sind nicht eingeladen«, erwidere ich bissig.

»Tiago, willst du mich verarschen? Das sind verfickt nochmal zweieinhalb Tage.« Als wüsste ich das nicht selbst. Sages Laune sinkt in den Keller und ich blicke hilfesuchend zu Lion. Doch ich weiß genau, er wird mir nicht helfen. Da muss ich allein durch, ob es mir passt oder nicht. Ganz großes Kino. Dankbar zeige ich Lion meinen Stinkefinger, der mich schmunzelnd ansieht. So ein dämlicher Pisser. Ausgerechnet er fällt mir auf diese Weise in den Rücken. Wobei? Es ist meine eigene Schuld. Erst vor wenigen Monaten habe ich behauptet, ich könne mich allein gegen Sage behaupten. Nun ist es an mir, es unter Beweis zu stellen.

»Ja, Sage. Ich weiß, die Situation ist nicht …«, erwidere ich ausweichend. Doch bevor ich überhaupt die Gelegenheit dazu bekomme, ihm irgendwas zu erklären, werde ich harsch unterbrochen. Warum wundert mich das nicht? Sage war noch nie der Geduldigste von uns Angelotti-Brüdern. Im Gegenteil. Ein falsches Wort genügt und Sage geht hoch wie eine Bombe. Daran hat sich bis heute nichts geändert.

»Komm mir nicht mit irgendwelchen blöden

Floskeln. Ich bin ganz und gar nicht in der Stimmung für deine dummen Sprüche. Also spar dir das!«

»Du wirst dir meine dummen Sprüche aber anhören müssen, Sage. Hier geht es nicht um dich und dein verficktes Ego, sondern um Julie, verdammt«, werde ich ungehalten und verpasse ihm einen kleinen Schubs. Angepisst blickt er mich an, bevor sein Blick fragend zu Lion geht. Was ist denn nun los?

»Kannst du mir bitte erklären, wie ich hierbei ruhig bleiben soll? Der kleine Scheißer bringt es fertig, Catalano ans Bein zu pissen und ich habe verfickt nochmal sechzig Stunden Zeit, ein verdammtes Wunder zu vollbringen?«, bellt Sage, als wäre ich gar nicht anwesend. Von welchem Wunder spricht er? Ich weiß, es ist keine einfache Situation, in die ich unsere Famiglia bringe. Aber was soll ich denn stattdessen tun? Soll ich mich für Julie opfern? Ist es das, was er will?

Voller Zorn blicke ich meinen Bruder verachtend an. Als er damals meine Hilfe gebraucht hat, um Bailee zu retten, habe ich nicht eine Sekunde lang gezögert. Ich habe unsere Männer zusammengetrommelt und bin nach Roma gereist, ohne irgendwelche Fragen zu stellen. Warum kann er nicht dasselbe für mich tun?

Wütend wende ich mich auf dem Absatz um und stürme in mein Schlafzimmer. Innerhalb von wenigen Minuten habe ich mich umgezogen und ignoriere die fragenden Blicke der anderen. Angepisst nehme ich meine schwarze Lederjacke vom Haken und öffne die Tür.

»Wo willst du hin?«, brüllt mir Slade im Hinausgehen nach. Was will er eigentlich von mir? Seitdem er hier ist, provoziert er mich unentwegt und dass nur, weil ich Julie liebe. Wir alle wissen, wie beschissen es ihm geht, seit sich herausgestellt hat, dass er der Vater von Nino ist. Aber es gibt ihm nicht das Recht, uns wie Abschaum zu behandeln. Dasselbe gilt für Sage, der sich aufführt, als hätte ich etwas Verbotenes getan. Wenn er meint, mir einen Vorwurf daraus zu machen, Julie zu lieben, dann nehme ich das gerne in Kauf.

Ich muss hier raus, ehe ich Sage oder Slade eine runterhaue. Die beiden sind einzeln kaum zu ertragen. Aber zusammen ergeben sie eine hochexplosive Mischung, die unerträglich für mich ist. Es ist besser, auf Abstand zu gehen. Doch aus meinem Vorhaben wird nichts. Noch ehe ich die Tür ins Schloss ziehen kann, steht Lion hinter mir. Seine Gesichtszüge verheißen nichts Gutes. Wut ist in seinen dunklen Augen geschrieben und ich frage mich, ob ich ihn jemals so aufgebracht erlebt habe.

»Wir beide werden jetzt Tacheles reden«, knurrt er leise und packt mich am Kragen meiner Lederjacke. Erschrocken drehe ich mich zu ihm um, während ich ihn aus zusammengekniffenen Augen anstarre. Will er mich verarschen? Die ganze Zeit über hält er seine Fresse, wenn es darauf ankommt. Aber ausgerechnet jetzt soll ich mit ihm sprechen? Das kann doch nur ein dummer Witz sein.

»Ich habe keine Zeit für so eine Scheiße, Lion. Lass mich los, ich muss zu Julie«, spucke ich ihm wütend entgegen.

»Du wirst einen Teufel tun, Tiago. Glaubst du ernsthaft, es geht Sage um verletzte Gefühle? Er will deinen dämlichen Arsch aus der Schusslinie von Catalano halten und das kann er nur, wenn er genügend Zeit hat.« Lions Stimme bebt vor unterdrückter Wut.

Nur mit Mühe kann ich mich davon abhalten, meine Gedanken laut auszusprechen. Ich bin mir sicher, es würde ihm nicht gefallen. Es war vielleicht nicht die beste Idee von mir, auf eigene Faust zu Catalano zu gehen. Zum Glück weiß er nicht, was ich vorhatte. Wäre es so, hätte ich jetzt bestimmt nicht nur einen Cut auf der Lippe, wie Slade. Ich würde in ernsthaften Schwierigkeiten stecken. Und das kann ich in meiner jetzigen Situation garantiert nicht gebrauchen.

»Warum gehst du nicht zu ihm und redest noch einmal mit ihm? Hier geht es nicht um dich, Sage oder Slade, sondern um Julie. Also vergiss nicht, für wen du das tust!« Seine Worte hinterlassen einen bitteren Beigeschmack, wie jedes Mal, wenn er einen von uns in die Mangel nimmt. Er scheint klüger zu sein, als wir alle zusammen . Obwohl ich es nicht gerne zugebe, er hat recht. Es geht hierbei allein um die Frau, die ich liebe und nichts anderes. Ich bin so ein Idiot.

Zähneknirschend folge ich ihm in mein Hotelzimmer und stelle mich meinen Brüdern und Freunden. Wenn sie mir nicht helfen können, dann kann es niemand.

Julie

Gedankenverloren starre ich aus dem Fenster und warte seit über einer Stunde auf Emilio. Wir wollten gemeinsam zu Abend essen, um uns etwas besser kennenzulernen. Doch daraus wird wohl nichts. Frustriert schiebe ich die Suppe von mir, puste die Kerze auf dem Tisch aus und erhebe mich. Der Appetit ist mir reichlich vergangen. Kein Wunder. Wir haben es nach neun Uhr abends und für gewöhnlich liege ich um diese Zeit gemütlich auf dem Sofa und schaue etwas Netflix. Wenn ich nicht gerade mit meiner Freundin telefoniere. Ich vermisse ihre Stimme und das Lachen wie einen guten Wein. Was gäbe ich jetzt dafür, neben ihr zu sitzen und sie in den Arm zu nehmen. Nur für eine Sekunde.

Doch darauf werde ich noch eine Weile verzichten müssen, bis Emilio und ich vor den Altar treten. Ich weiß, es ist zu meinem Besten und ich möchte seine Entscheidungen auch gar nicht infrage stellen. Trotzdem vermisse ich meine Freundin, die vermutlich in diesem Moment auf dem Sofa sitzt und auf meinen Anruf wartet. Anders als die Menschen in diesem Haus, ist sie für mich da. Jederzeit. Was man von meinem Verlobten nicht gerade sagen kann. Er ist ständig beschäftigt und wenn er dann doch mal zwei Minuten seiner geschätzten Aufmerksamkeit für mich erübrigen kann, hüllt er sich in Schweigen. So langsam habe ich das Gefühl, ich bin hier völlig fehl am Platz.

In meinem Zimmer angekommen, blicke ich kurz in den Spiegel. Die schwarzen Haare stehen mir unheimlich gut und ich bereue meine Entscheidung, etwas an meinem Typ verändert zu haben, keine

Sekunde. Mit einem Lächeln streiche ich eine Strähne aus dem Gesicht und wähle die Nummer von Celeste. Es dauert nur einen kurzen Augenblick, bis sie mich mit einem »Bonjour Julie« begrüßt. Wärme durchflutet mich, während sich eine Träne aus meinem Augenwinkel löst. Ich spüre, wie sie über meine Wange rinnt, bevor sie auf den dunklen Stoff meiner Jeans tropft. Ich atme tief durch, ehe ich zu einer Antwort ansetzte.

»Bonjour Celeste. Wie geht es dir?«, flüstere ich so leise, dass ich befürchte, sie hat mich nicht verstanden. Doch das hat sie, wie mir ihre Worte deutlich beweisen.

»Julie? Pourquoi pleures-tu, ma chérie, warum weinst du, mein Schatz?«

»Ich hasse es hier, Celeste. Ich weiß, du glaubst, Emilio ist der Mann, der mich glücklich machen kann. Aber ich bin mir nicht sicher, ob das stimmt.«

Ich höre ein Raunen am anderen Ende des Telefons. Celeste ist sichtlich überrascht von meinen Worten, die nicht ehrlicher hätten sein können. Zum ersten Mal, seit ich hier bin, spreche ich meinen Gedanken laut aus. Ich fühle mich völlig alleingelassen und die Vorstellung, am Samstag vor den Altar zu treten, lässt Übelkeit in mir aufsteigen.

»Julie, bitte hör auf zu weinen. Ich weiß, Emilio ist nicht Tiago, aber …« Der Name von Tiago reicht aus, dass alle Dämme brechen. Tränen rinnen über meine Wangen und der Schmerz tief in meinem Inneren droht mich zu überwältigen. Wie soll ich in nur zwei Tagen vor den Altar treten, wenn ich noch immer nicht über ihn hinweg bin? Das hier ist ein Fehler. Wie konnte ich nur glauben, Tiago zu entkommen, indem ich einen anderen heirate?

»Ich liebe Tiago!«, gestehe ich meiner besten Freundin in dem Moment, in dem die Tür krachend ins Schloss fällt. Erschrocken fahre ich vom Bett hoch und kann nicht glauben, wer da steht. Emilio Catalano. Scheiße, was macht er denn hier? Ein Blick in sein Gesicht reicht aus, um zu erkennen, wie wütend er ist. Und es ist allein meine Schuld. Ich muss kein Genie sein, um zu wissen, dass er alles mitangehört hat. Oh mein Gott. Kein Wunder, dass er mich aus hasserfüllten Augen anstarrt. Ich kann regelrecht spüren, wie die Luft zwischen uns zu brennen beginnt. Dabei hat er noch nicht ein Wort gesagt, seit er mein Zimmer betreten hat. Und das muss er auch gar nicht. Sein Blick spricht Bände. Panik überkommt mich. Mein Herz rast, Schweiß perlt über meine Stirn, während ich für einen kurzen Augenblick lang den Atem anhalte.

»Je suis désolé, je dois raccrocher, es tut mir leid, ich muss auflegen«, sage ich mit zittriger Stimme zu Celeste.

»Julie? Ist alles in Ordnung?«, fragt sie beunruhigt und ich kann hören, welche Sorgen sie sich macht. Eine Antwort bleibe ich ihr schuldig. Wie erstarrt schaue ich zu Emilio auf, der wie ein gefährlicher Panther auf mich zukommt. Jeder Schritt seiner Sohlen donnert auf dem schwarzen Marmor, wie ein Gewitter bei Nacht.

»Emilio, es tut mir leid«, hauche ich leise unter Tränen, als mein Verlobter einen Satz auf mich zumacht. Wütend packt er mich an den Haaren und mir entgleitet schreiend das Telefon aus den Händen. Wie durch einen dichten Nebel höre ich Celestes panische Stimme.

»Eigentlich wollte ich bis zu dem Tag warten, an dem du mir gehörst, kleine Elfe. Wie dumm von dir, den wahren Emilio herauszufordern. Weißt du denn nicht, wie gefährlich das ist? Ich hätte dich echt für schlauer gehalten.« Seine Worte triefen nur so vor

Arroganz. Die Anspannung, die von ihm ausgeht, lässt mich kurz aufkeuchen. Wie nur soll ich ihm entkommen? Diesem Monster im Designeranzug?

»Bitte, Emilio, lass mich los«, wimmere ich leise auf. Sein Griff ist unnachgiebig und fest. Er macht deutlich, dass das hier noch lange nicht vorbei ist. Vorsichtig krabble ich aus dem Bett, aus Angst, er verliert jeden Moment die Geduld. Dabei sehe ich zu spät, wie seine Hand auf mich zugeflogen kommt. Der Schmerz trifft mich mit voller Wucht, Blitze vor meinen Augen nehmen mir die Sicht, ehe ich beinahe zu Boden gehe. Keuchend ringe ich um Atem und blicke Emilio flehend an.

»Bitte … tu … das … nicht«, stottere ich hilflos. Verzweifelt kralle ich mich an seiner Hand fest, mit der er mich noch immer fixiert und folge ihm durch die dunklen Gänge nach unten. Irgendwann habe ich die Orientierung verloren, wo wir gerade sind.

Bei einer Villa dieser Größe kein Wunder. Schon am Tag ist es schwer, sich zurechtzufinden. Doch in der Nacht gleicht dieses Haus einem Labyrinth, ohne Ausweg. Ich muss versuchen, ihm zu entkommen. Aber wie? Emilios Griff ist nach wie vor viel zu fest.

Julie, komm schon. Jetzt denk nach, mache ich mir selbst Mut. Hoffnung steigt in mir auf und ich setze zu einem Tritt an, als er kurz innehält, um die große Tür zu öffnen, vor der wir stehen. Fassungslos starre ich in die Dunkelheit, als ich in die Gesichter einer Handvoll unterernährter, halbnackter Frauen blicke. Was zur Hölle ist das hier? Es sieht aus, als wäre das hier eine Art Unterwelt. Der Geruch von Sex, Tod und Schimmel dringt in meine Nase. So etwas Bestialisches habe ich in meinem ganzen Leben noch nicht gerochen.

Würgend halte ich für eine Sekunde den Atem an. Nur mit Mühe kann ich verhindern, Emilio vor die

Füße zu kotzen. Wie kann er so etwas Grausames zulassen? Die Frauen sind eingesperrt wie Tiere in viel zu kleinen Zellen und ihnen ist deutlich anzusehen, wie sehr sie hier leiden. Welchen Schmerz sie ertragen müssen, ohne Aussicht, jemals zu entkommen. Ich kann mir schon denken, wer dafür verantwortlich ist. Satan höchstpersönlich. Nein, nicht Satan. Emilio Catalano. Wie konnte ich mich so sehr in ihm täuschen?

»Warum?«, flüstere ich heiser, während mich ein Schauer überkommt. Ein Cocktail aus Hass, Trauer und Mitleid brodelt tief in mir. Wütend balle ich meine Hand zur Faust. Auf und zu. Bleib ruhig, Julie. Du kannst ihnen in deiner Situation nicht helfen, ermahne ich mich im Stillen. Ein falsches Wort und ich bin die Nächste, dessen bin ich mir bewusst. Schweren Herzens unterdrücke ich den Impuls, Emilio wehzutun.

»Ich wusste doch, dir würde das hier gefallen. Darf ich vorstellen? Das hier ist der Ort, den man Hölle nennt!« Seine Stimme klingt so bedrohlich wie nie zuvor und trotzdem tut er etwas, womit ich niemals gerechnet hätte. Er schenkt mir ein Lächeln und löst den Griff in meinen Haaren, ehe er mir einen Kuss auf die Lippen drückt. Sein Verhalten ist so widersprüchlich. Gefangen zwischen Ekel und Angst, schiebe ich ihn unsanft von mir. Genau in dem Moment, in dem ein Mann aus dem Schatten tritt, mit dem ich hier ganz und gar nicht gerechnet hätte. Daniele. Und er ist nicht allein. Fuck. Was macht der denn hier?

»Stefano! Sorgt dafür, dass wir ungestört mit ihr sein werden. In fünf Minuten bin ich bei euch, und Daniele, ich will nicht gestört werden, ist das klar?«

Oh mein Gott.

Was hat er denn nur vor?

»Emilio, bitte nicht«, flüstere ich mit brüchiger Stimme.

»Glaub mir, ich kann es kaum erwarten, dich betteln zu hören. Aber bitte warte doch, bis wir mit Stefano allein sind«, sagt er anzüglich. Was soll das heißen? Er wird nicht zulassen, dass Stefano … Ich will mir nicht mal ansatzweise vorstellen, wie es ist, von ihm berührt zu werden. Wäre mir nicht schon schlecht, würde ich spätestens jetzt würgen. Schnell werfe ich einen Blick nach hinten, in der Hoffnung, einen Weg hier raus zu finden. Die Tür steht einen Spalt offen. Emilio muss vergessen haben, sie zu schließen.

In dem Moment, in dem ich einen Schritt zurückweiche, werde ich unsanft von Stefano gepackt. Hat der Wichser tatsächlich bemerkt, was ich vorhabe? Sein wissendes Lächeln ist Antwort genug. Warum habe ich nicht viel eher versucht, zu fliehen? Fluchend knirsche ich mit den Zähnen.

»Kein Problem, Don, ich werde alles zu deiner Zufriedenheit erledigen. Soll ich sie an den Bock fesseln oder willst du das lieber selbst übernehmen?« Lachend wirft er den Kopf in den Nacken und ich versuche zu verstehen, was so witzig daran ist.

»Non, Diavolo. Nein, du Teufel«, erwidert Emilio in einem fließenden Italienisch, wie ich es nur von Tiago und seinen Brüdern kenne.

»Emilio, können wir das nicht unter vier Augen klären? Nur du und ich? Tiago … Es ist nicht so, wie du denkst …«

»Cara mia, mein Schatz, du bist ja noch naiver, als ich gedacht habe. Dachtest du ernsthaft, ich würde dich nicht erkennen? Du bist die Hure von Angelotti, habe ich recht?« Oh mein Gott. Er weiß also, wer ich bin? Wie konnte ich so dumm sein und glauben, es sei Zufall gewesen, dass Emilio Catalano ausgerechnet mich ausgesucht hat, seine Frau zu werden. Ich bin blindlings in seine Falle getappt und in diesem Moment schnappt sie zu. Ich bin so dumm. Noch ehe ich zu einer Antwort ansetzen kann, werde ich von Stefano in die andere Richtung gezerrt. Widerwillig folge ich ihm und denke an Celestes Nachricht.

Worauf wartest du, Julie? Unterschreib das Ding und werde glücklich. Ich glaube, er ist das Beste, was dir passieren konnte, mon amour, meine Liebe.

Sie war davon überzeugt, Emilio wäre der Mann, den ich bräuchte, um Tiago für immer zu vergessen. Wie unrecht sie doch hatte.

»Los, zieh dich aus«, unterbricht Stefano meine Gedanken. Ich soll was tun?

»Niemals«, antworte ich gepresst. Schnell weiche ich einen Schritt zurück und werde an eine harte Brust gezogen.

»Du willst also mit mir spielen?«, flüstert mir Emilio ins Ohr. Genau in dem Moment, in dem ich etwas Spitzes an meinem Rücken spüre. Ein Messer? Mit angehaltenem Atem werfe ich einen Blick zu ihm. Heilige Scheiße, was tut er da?

»Emilio, bitte nicht«, wimmere ich leise und werde mit festem Druck an Stefanos Brust gedrückt. Ich spüre seine steinharten Muskeln und verziehe angewidert den Mund. Die Klinge in Emilios Hand gleitet samtweich durch den Stoff meines Shirts und meines BHs. Wie in Zeitlupe schält er sich bis zum letzten Stofffetzen durch meine Kleidung. Nackt stehe ich zwischen Emilio und Stefano eingekeilt und bin ihnen restlos ausgeliefert.

»Ich kann es kaum erwarten, dich endlich zu vögeln. Ich werde dich zu meiner Hure machen und dem kleinen Angelotti das Herz brechen«, lacht Emilio abfällig, während er das riesige Messer einmal quer über meinen Rücken zieht. Ich spüre, wie die Klinge in mein Fleisch dringt. Stück für Stück, was mich vor Schmerzen aufschreien lässt. Kraftlos sinke ich auf die Knie und versuche, bei Bewusstsein zu bleiben. Farben tanzen vor meinen Augen, als ich zuerst auf Emilios schwarze Schuhe und dann auf seinen entblößten Schwanz blicke. Verdammt, was hat er vor?

»Na, siehst du, so schwer war das doch gar nicht, oder? Und jetzt Mund auf«, befiehlt er streng und krallt sich so fest in meinen Kiefer, dass ich keine andere Wahl habe, als ihm zu gehorchen. Mit einem harten Stoß schiebt er sich zwischen meine Lippen, fickt meinen Mund, ohne mir etwas Zeit zu geben, mich an seine Größe zu gewöhnen. Würgend kämpfe ich gegen seinen Schwanz an und merke, wie der Speichel von meinem Kinn tropft. Immer wieder rammt er sich in mein Innerstes und genau in dem Moment, in dem ein lautes Grollen aus seiner Brust emporsteigt, zieht er sich abrupt zurück.

»Gib schon her, ich mache das«, knurrt Emilio. Unsicher blicke ich zwischen Emilio und Stefano hin und her. Während sich Stefano vor meinen Augen einen runterholt, trifft mich ein fester Schlag auf den Rücken. Wimmernd vor Schmerz gehe ich zu Boden und strecke die Arme von mir. Kraftlos, verletzt und gedemütigt liege ich da und bete zu Gott, er möge mich erlösen. Und als hätte er mich erhört, lässt Emilio endlich von mir ab. Mit einem teuflischen Grinsen beugt er sich zu mir herunter.

»Weißt du, warum man mich den Dark Sinner nennt?« Emilio gibt Stefano ein Zeichen, ruhig zu sein.

»Nein«, krächze ich vor Schmerzen.

»Weil ich meinen Bruder getötet habe, um der nächste Don zu werden. Ich war so voller Hass und Neid, niemals hätte ich ihm den Erfolg gegönnt. So ähnlich ist es mit mir und den Angelottis. Sie haben etwas, was ich will. Die Clubs in dieser Stadt und genau das ist der Grund, warum ich dich wollte.« Ich bin also nichts weiter als ein Druckmittel? Was habe ich mit den Geschäften dieser Familie zu tun? So richtig kann ich ihm nicht folgen.

»Angelotti liebt dich und trotzdem wird er dich nicht bekommen. Du bist mein und solltest du auch nur jemals wieder einen Gedanken an ihn verschwenden, werde ich dich töten!«, sagt er eiskalt und lässt endlich meinen Kopf los. Erschöpft schließe ich die Lider und höre in weiter Ferne ein Stöhnen. Gefolgt von einem zweiten. Nur Sekunden später tropft etwas Warmes auf meinen Körper. Erschrocken öffne ich die Augen. Oh mein Gott, was zur Hölle tun sie da? Nicht nur, dass sie sich einen runterholen. Nein, sie beschmutzen mich auf eine Weise, die mich mehr verletzt als eine Ohrfeige. Ich fühle mich so erniedrigt, wie nie zuvor in meinem Leben.

»Schau dir Angelottis Hure an, jetzt wo unser Sperma überall auf ihr klebt, kann ich sehen, wie wunderschön sie ist.« Lachend wenden sich Stefano und Emilio von mir ab und lassen mich allein mit meinem gebrochenen Herzen zurück.

Tiago

In den letzten zwei Tagen habe ich nicht mehr als drei Stunden Schlaf bekommen. Dementsprechend ist meine Laune im Keller. Ich bin übermüdet und frustriert, weil Sage erst in der Kirche zugreifen will, um Julie zu befreien. Ob es dann nicht schon zu spät ist, wird sich zeigen. Ich weiß, wir haben einen wasserdichten Plan und an sich gibt es keinen besseren Ort, um Catalano zu überraschen. Dank Massimos Hilfe ist es uns gelungen, genug Männer an den wichtigsten Punkten zu positionieren, damit wir ungesehen ins Innere dringen können. Es hat eben sein Gutes, noch immer Kontakte in Philadelphia zu haben, von denen Catalano nur zu träumen wagen kann. Gut hundert Mann werden die Kirche und das Gelände bewachen und würden sie nicht zu uns gehören, wäre das ein Grund, nervös zu werden.

Doch Sage und Massimo haben an alles gedacht. Sogar die Wichser der Security wurden im Vorfeld von uns geschmiert, damit es zu keinen großen Zwischenfällen kommt. Und das wird es nicht, dafür haben meine Brüder höchstpersönlich gesorgt. Selbst Slade hat es irgendwann fertiggebracht, Hand in Hand mit uns zusammenzuarbeiten, anstatt irgendwelche dummen Sprüche von sich zu geben. Nun heißt es warten und noch etwas Energie tanken, damit uns kein Fehler unterläuft.

Wenn ich nach dem Schnarchgeräusch gehe, scheint das bei Sage und Massimo bestens zu funktionieren. Wie es bei Slade und Rocco aussieht, kann ich nur erahnen, weil sie im Wohnzimmer auf der Couch pennen. Zum wiederholten Mal wälze ich mich auf die andere Seite und nehme mein Handy vom Nachttisch. Blinzelnd versuche ich gegen das helle Licht anzukämpfen und brauche einen Moment, um zu sehen, wie spät es ist.

Zwei Uhr dreiundvierzig. Fuck. Ich liege beinahe drei Stunden im Bett und bekomme einfach kein Auge zu. Kein Wunder bei den schrecklichen Gedanken, die sich in meinem Kopf abspielen. Ständig sehe ich Julie vor mir, wie sie blutüberströmt am Boden liegt und durch einen Schuss stirbt. Dabei weiß ich genau, woran mich diese Situation erinnert.

Vor knapp zwei Jahren habe ich Sage das Leben gerettet, nachdem er sich einen erbitterten Kampf mit Ramirez geliefert hat. In meinem Kopf läuft alles eins zu eins wie damals ab. Nur mit einem Unterschied. Am Ende liegt nicht Sage am Boden, sondern Julie. Ich höre ihren letzten Atemzug, bevor es still um uns herum wird. Mein Herz rast. Mein Atem stockt.

Ich weiß, meine Angst lässt mich Bilder sehen, die meiner krankhaften Fantasie entspringen. Doch die Vorstellung, Julie könnte tatsächlich etwas zustoßen, ist zu real, um es zu vergessen. Ich brauche dringend eine kleine Ablenkung, sonst kann ich für nichts garantieren.

Genervt werfe ich die Decke zurück und schnappe mir meine Klamotten vom Boden. Schnell ziehe ich mir meine schwarze Jogginghose über, ehe ich klammheimlich das riesengroße Schlafzimmer verlasse. Auf nackten Sohlen gehe ich direkt am Wohnzimmer vorbei, von wo aus ein leises Schnarchen zu hören ist. Ich möchte meine Brüder nicht stören. Sie brauchen ihren Schlaf. Schmunzelnd schüttle ich den Kopf und gehe in die kleine Küche, um mir einen Espresso zuzubereiten. Vielleicht hilft das, um auf andere Gedanken zu kommen.

Seufzend schließe ich die Tür hinter mir, drücke auf den Lichtschalter und blicke in das grinsende Gesicht von Lion. Was zur Hölle macht er denn hier? Und das um diese Uhrzeit? Manchmal habe ich das Gefühl, der

Typ schläft niemals. Mit erhobener Augenbraue starre ich auf die leere Tasse vor ihm.

»Na Kleiner, kannst du nicht schlafen?«

»Nenn mich nicht so, du weißt genau, wie sehr ich das hasse«, murre ich angepisst und wende mich ab, ohne ihn danach zu fragen, ob ich ihm auch noch einen Espresso machen soll.

»Tiago, was ist los?« Wie durch einen Nebel höre ich Lions Stimme.

»Lion, bitte. Hör auf mich zu analysieren, okay? Ich ertrage das gerade nicht«, gebe ich spitz zurück. Schnell nehme ich mir eine Tasse aus dem Schrank und stelle sie unter den Automaten. Es dauert nur ein paar Sekunden, bis der typische Geruch von Kaffee in meine Nase dringt. Für uns Italiener gibt es nichts Besseres. Es ist wie eine Sucht, von der wir nicht loskommen.

Das Einzige, was uns noch mehr gefällt, ist, wenn Nonna in der Küche steht und kocht. So wie es früher einmal war. Es ist lange her, seit damals. Nicht nur, dass Dad gestorben ist, auch unsere Großmutter ist vor vielen Jahren von uns gegangen. Ich war noch ein kleiner Junge, als sie ganz plötzlich eines Morgens tot im Bett lag. Herzstillstand. Seitdem war nichts mehr wie zuvor. Es gibt Tage, an denen ich mir wünschte, sie ein letztes Mal in den Arm nehmen zu können, um mich von ihr zu verabschieden. Sie hat die Welt mit ihrem sanften Wesen definitiv ein Stück weit besser für uns alle gemacht. Zumindest in den Stunden, in denen wir für einen Augenblick lang einfach Kind sein durften. In ihrer Küche hatte man das Gefühl, an einem anderen Ort gefangen zu sein. Ein Ort voller Liebe und Geborgenheit. Ganz im Gegensatz dazu, wie es wirklich war. Denn kaum hatte ich die Tür hinter mir geschlossen, war ich zurück, in einer Welt, die so kalt ist wie die Antarktis. Der Tod dein täglicher Begleiter. So etwas wie Schwäche gibt es nicht. Nicht, wenn man so erfolgreich werden will wie unsere Famiglia.

Kurz schließe ich die Augen und wische mir mit der flachen Hand über meinen Bart. Schnell schiebe ich die Erinnerungen beiseite, schnappe mir meinen Espresso, ehe ich mich zu Lion setze. Noch immer liegt sein Blick auf mir. Neugierig? Besorgt? Wissend? Oder eine Mischung aus allem?

»Was?«, sage ich genervt. Ich schaue über die dampfende Tasse zu meinem Bruder. Ein sanfter Zug liegt in seinem Gesicht, den ich nur selten an ihm sehe.

»Nichts!« Seine Antwort lässt mich kurz stutzen. Seit wann ist er so wortkarg?

»Lion, bitte. Ich habe echt keine Nerven für deine blöden Psychospielchen. Was willst du mir sagen?«

»Tiago, du weißt, wir setzen alles daran, Julie zu retten, oder?« Ich nicke kurz.

»Ja«, gebe ich zurück.

»Ich möchte dich bitten, hierzubleiben und Sage, Slade, Massimo, Rocco und mir den Job zu überlassen. Ich verspreche dir, …« Was zur Hölle? Hat er den Verstand verloren? Schockiert schüttle ich den Kopf und blaffe: »Niemals!«

Ich kann einfach nicht glauben, was er da von mir verlangt. Hier geht es verdammt nochmal um Julie. Um die Frau, die ich liebe und ich soll mir hier die Eier schaukeln, während meine Brüder und Freunde zu Catalano fahren, um die Hochzeit des Jahres zu sprengen. Will er mich verarschen?

Wütend starre ich Lion an und schüttle vehement den Kopf.

»Ich warne dich, Lion. Komm ja nicht auf die Idee, Sage oder den anderen von deinem verfickten Plan zu erzählen, sonst bist du tot. Weißt du eigentlich, was du da von mir verlangst? Ich liebe Julie …«

»Und genau das ist der Grund, warum du ein enormes Risiko für uns alle darstellst. Du kannst nicht klar denken und wenn es so endet wie in Rom …»

Ich weiß, wovon er da spricht. Sage hatte uns versprochen, mit Rocco zusammenzubleiben. Aber nur Sekunden nachdem wir die Villa betreten haben, ist er blindlings losgerannt, um Bailee zu suchen. Niemand konnte ihn aufhalten, was es für uns zu einer zusätzlichen Belastung gemacht hat, seinen Arsch zu retten. Nur will er davon bis heute nichts wissen. Sage hält sich nach wie vor für unsterblich.

»Es wird niemals enden wie in Rom. Ich bin nicht …« Wütend funkle ich meinen Bruder an.

»Du bist ein Angelotti, Kleiner. Du bist wie wir alle zusammen und glaub mir, wir würden jeden Kontinent niederbrennen, um das zu beschützen, was wir lieben!« Lions Worte lassen mich kurz schmunzeln. Denn ja, er hat recht. Wir sind nicht alle gleich, aber in einem Punkt ähneln wir uns wie Zwillinge. Wir kämpfen bis zum bitteren Ende für unsere Frauen. Sage für seine Bailee und ich würde dasselbe für Julie tun. Jederzeit. Er weiß es so gut wie ich. Kein Wunder, dass er Angst um mein Leben hat. Trotzdem werde ich ihm den Gefallen nicht tun. Ich werde mit zur Kirche fahren, ob es ihm nun gefällt oder nicht.

»Lion, ich weiß deine Sorge um meinen Arsch echt zu schätzen. Das tue ich wirklich. Nur dieses eine Mal kann und werde ich nicht auf euch hören, wenn das Leben der Frau auf dem Spiel steht, die ich liebe«, erwidere ich entschlossen. Würde es hier allein ums Geschäft gehen, hätte ich mich meinem Schicksal schweren Herzens ergeben. So wie ich es für gewöhnlich tue, obwohl ich mit der Entscheidung von Sage nicht immer ganz einverstanden bin. Aber in diesem einen Fall wird er mich nicht aufhalten können, mit ihnen zu kommen. Und das weiß er so gut wie ich.

»Dachte ich mir schon«, sagt er schulterzuckend. Bitte was? Er wusste es von Anfang an und trotzdem bittet er mich um diesen selten dämlichen Gefallen? Wie abgefuckt ist das denn? Aus Lion werde ich echt nicht schlau.

»Ich hoffe nur, du machst nicht denselben Fehler wie Sage. Gib Julie etwas Zeit selbst zu entscheiden, ob sie mit dir kommen will oder nicht«, ermahnt er mich aus zusammengekniffenen Augen. Ich soll was? Da kann ich sie ja gleich vor dem Priester und den anwesenden Gästen vögeln. Ist es das, was er sich darunter vorstellt, wie unser Treffen in der Kirche ablaufen wird? Ich glaube, er hat keine Ahnung, wie dämlich sein Vorschlag gerade wirklich ist. Ganz zu schweigen, was Sage dazu sagen würde, wenn ich es tatsächlich tun würde. Oder Slade.

Kopfschüttelnd nehme ich meinen Espresso, trinke einen Schluck davon und beobachte meinen Bruder eine

Weile stumm. Der Wichser hat ständig irgendeinen Spruch auf Lager, dabei ist die einzige Nähe, die er zulässt, seine Faust um seinen Schwanz. Und trotzdem tut er so, als wäre er ein verschissener Frauenversteher. Der Typ zieht jede Nacht um die Häuser, damit er überhaupt eine Chance bei den Pussys hat, und er will mir erklären, wie ich mich zu verhalten habe? Unfassbar.

»Lion, du hast doch keine Ahnung, wie es ist, wirklich zu lieben. Ich würde für Julie jederzeit den Tod in Kauf nehmen, wenn es bedeutet, sie glücklich zu sehen.« Ich atme tief durch, um meine angespannten Nerven zu beruhigen. Ich denke, es ist besser, duschen zu gehen, als mit ihm zu diskutieren. Dieses Gespräch ist für den Arsch und bringt uns kein Stück weiter. Lion hat seine Meinung und ich meine. Niemals wird er mich umstimmen können, hierzubleiben. Aufgebracht fahre ich vom Stuhl hoch. An der Tür bleibe ich noch einmal stehen und blicke ihn durchdringend an. Seine braunen

Augen mustern mich kalt. In diesem Moment ähnelt er Sage mehr, als er sich vielleicht vorstellen kann.

»Du vögelst dich durch sämtliche Betten, nur, um keine Gefühle zuzulassen. Denkst du ernsthaft, du bist in der Position, mir irgendwelche Ratschläge zu geben?« Einen Augenblick lang herrscht betretenes Schweigen zwischen uns. Es ist wohl besser, wenn ich jetzt gehe. Langsam öffne ich die Tür, um dic Küche zu verlassen. Kurz schaue ich zu Lion, der mir einen letzten Blick zuwirft, den ich nicht richtig deuten kann. Ob ihn meine Worte verletzt haben? Vielleicht. Aber nun ist es zu spät, etwas daran zu ändern. Sobald das hier vorbei ist, werde ich mit ihm reden. Er ist nicht nur mein Bruder, sondern auch mein bester Freund. Er kennt mich besser als jeder andere. Nur in meiner Wut habe ich das für einen Moment vergessen. Was für ein Idiot ich doch bin. Ich weiß, er wollte mir nur helfen. Aber aus irgendeinem Grund habe ich mich angegriffen gefühlt und wie ein wildes Tier um mich geschlagen. Ich muss unbedingt etwas Schlaf bekommen, bevor sich Lions Vorahnung bewahrheitet. Würde ich zu einem Risiko werden, könnte ich mir das niemals verzeihen.

Nachdenklich gehe ich ins Bad. Mein erstes Ziel ist das Klo, weil ich dringend pissen muss. Nachdem das erledigt ist, ziehe ich meine Jogginghose samt Boxershorts aus, um unter die Dusche zu steigen. Schnell seife ich mich ein und spüle meine Gedanken zusammen mit dem Duschgel den Abfluss hinunter. Keine zehn Minuten später verlasse ich nur im Handtuch das Bad und gehe zurück ins Schlafzimmer, wo Massimo und Sage noch immer um die Wette schnarchen. Meine Fresse, kein Wunder, dass man hier nicht zur Ruhe kommt.

Grinsend schnappe ich mir eine frische Boxershort aus dem Schrank, ziehe mich an und lege mich dann

neben Sage. Innerhalb weniger Minuten werden meine Glieder schwer und ich falle in einen traumlosen Schlaf.

Julie

Wimmernd liege ich am Boden und blicke mit tränenüberströmtem Gesicht zu Emilio empor. Wie Satan höchstpersönlich ragt er über mir, während ich versuche, bei Bewusstsein zu bleiben. Ich darf nicht schon wieder in die Dunkelheit abtauchen. Beim letzten Mal hat er mich danach umso härter mit der Peitsche in seiner Hand geschlagen und ich weiß nicht, wie lange ich das hier noch durchhalten kann. Jeder Schlag auf meinem Rücken fühlt sich an, als würde er mich dem Tod ein Stück näher bringen.

Ist es das, was er will? Sich an mir rächen, weil ich Celeste gestanden habe, Tiago noch immer zu lieben? Wie konnte ich nur so leichtsinnig sein? Hätte ich meine Gefühle für mich behalten, wäre ich jetzt nicht in dieser beschissenen Situation. Zum wiederholten Male verfluche ich mich für diesen Ausrutscher und wünschte, Tiago würde kommen um mich zu retten. Er wäre dazu in der Lage. Doch ich weiß genau, dies wird niemals geschehen, weil ich ihn von mir gestoßen habe, um mein Herz zu schützen.

Wie konnte ich so dumm sein und in Emilio eine Chance sehen? Er ist ein Monster, ein Narzisst und ich war so naiv, es nicht rechtzeitig zu bemerken. Er ist eine Red Flag, wie sie im Buche steht und die Aussicht, seine Frau zu werden, lässt mich hektisch nach Luft schnappen.

Genau in dem Moment, in dem er vor mir auf die Knie geht und mir ein warmes Lächeln schenkt, weiche ich schreiend vor ihm zurück. Mit Zeigefinger und Daumen nimmt er mein Kinn und drückt es ein Stück nach oben, damit ich ihn ansehen muss. Lächelnd wischt er mit dem Daumen über meine aufgeplatzte Lippe, die ich nur ihm zu verdanken habe. Und da ist er wieder. Dieser Blick, der mir vormachen soll, ich könne ihm vertrauen. Aber ich weiß genau, ich darf es nicht tun. Jedes Wort aus seinem Mund ist eine dreiste Lüge, um mich zu manipulieren. Die Frage ist nur, wie lange ich dem hier noch standhalten kann. Ich bin so kurz davor, aufzugeben. Ihm alles zu versprechen, was er will. Hauptsache, er legt endlich diese Peitsche weg. Ich ertrage diese Schmerzen nicht mehr. Jeder Schlag auf meinem Rücken hinterlässt tiefe Wunden auf meiner Haut. Eine schlimmer als die andere.

»Meine kleine Elfe, sag mir, zu wem du gehörst und ich höre auf!«

Als würde ich ihm nur ein Wort davon glauben, was er sagt. Der Typ ist ein Monster. Ein Sadist. Abschaum der übelsten Sorte. Ich darf ihm nicht vertrauen. Diesen Fehler werde ich bestimmt nicht noch einmal machen. Doch was ist, wenn er seinen Willen nicht bekommt? Schlägt er dann wieder, wieder und wieder zu? Ich ertrage den Schmerz, der mich in die Dunkelheit zerrt, keine Sekunde länger. Der Wunsch, hier und jetzt für immer die Augen zu schließen und nie wieder aufzuwachen, mischt sich mit der Sehnsucht nach Tiago. Leben oder sterben? Wofür werde ich mich entscheiden? Wenn ich in die Augen von Emilio blicke, fällt mir die Entscheidung wirklich leicht. Der Tod wäre eine Erlösung für mich.

»Egal, was ich sage, du würdest mir nicht glauben«, krächze ich leise mit letzter Kraft.

»Denkst du etwa, ich würde dich bestrafen, weil es mir Spaß macht? Du bist selbst schuld daran, was hier passiert.« Seine Stimme klingt noch bedrohlicher und dunkler als zuvor. Wie durch einen Nebel sehe ich dabei zu, wie er sich aufrichtet.

Langsam verschwindet er aus meinem Blickfeld und ich höre, wie er sich von mir entfernt. Ich zähle jeden Schritt in Gedanken mit. Eins, zwei, drei, vier. Tief atmet er durch und dann trifft mich ein kräftiger Schlag auf den Rücken. Dieses Mal so fest wie nie zuvor. Ich spüre, wie meine Haut erneut unter den Riemen der Peitsche nachgibt und weitere Wunden auf meinem Herzen hinterlässt. Tief graben sie sich in mein Unterbewusstsein, während die Dunkelheit nach mir greift.

Immer wieder schlägt er mit voller Wucht auf meinen Rücken ein. Blut rinnt an meinen Rippen entlang. Ich fühle, wie es sich einen Weg sucht, bis es auf den Boden tropft. Jede Berührung, jede Bewegung fühlt sich so an, als würde ich über glühende Lava laufen. Barfuß. Selbst ein leichter Windzug, der über meine Haut fährt, gibt mir das Gefühl, ich würde bei lebendigem Leib verbrennen.

Hektisch ringe ich um Atem. Ich kann einfach nicht mehr.

Mit brüchiger Stimme hauche ich: »Ich gehöre dir!« Auch wenn ich ihn nicht sehen kann, weil er hinter mir steht, kann ich mir vorstellen, wie er gerade grinst. Diabolisch und zufrieden. Ich hole tief Luft. Genau in dem Moment, in dem ein weiteres Mal die Peitsche voller Wucht auf meinen Rücken rasselt, schrecke ich schreiend aus meinem Traum hoch.

Tränen rinnen über meine Wangen und ich spüre, wie mein Herz in meiner Brust rast. Ich brauche eine ganze Weile, um zu realisieren, wo ich bin. Ich liege in meinem Bett. Allein. Emilio ist fort und trotzdem sind die Erinnerungen der letzten Stunden so real, als würde dieses Monster noch immer hier sein. Ich kann wohl nur von Glück reden, nicht in dem muffigen Keller wach geworden zu sein. Nach gestern traue ich Emilio alles zu. Es wäre besser, ich würde von hier verschwinden. Aber nur Gott allein weiß, warum ich es nicht tue. Aus Angst? Oder weil mich die Schmerzen daran hindern? Vermutlich ist es eine Mischung aus beidem.

Zischend hole ich Luft und streife das Bettlaken behutsam von mir, während mein Blick auf einen weißen Zettel neben mir fällt. Ich weiß sofort, von wem er ist. Diese geschwungene Schrift gehört eindeutig zu Emilio.

Meine kleine Elfe,

in wenigen Stunden werden wir vor den Altar treten und ich hoffe für dich, du wirst mich nicht enttäuschen. Solltest du auf die Idee kommen, zu flüchten, wirst du es bitter bereuen. Sieh es als gut gemeinten Rat deines Mannes Emilio

Catalano. Ich erwarte dich pünktlich um zwölf am Altar in der St. Augustine Catholic Church.

Oh mein Gott. Ich soll dieses Monster tatsächlich heiraten? Ich kann es nicht tun. Kraftlos lasse ich den Zettel auf meinen Schoß sinken. Emilios Schrift verschwimmt vor meinen Augen und ich hebe vorsichtig den Kopf. Wie benommen starre ich zu der Tür, an der ein schwarzer Kleidersack hängt. Sicher ist es mein Hochzeitskleid, was sollte es sonst sein? Ein lautes Klopfen ertönt und ich zucke erschrocken zusammen. Oh mein Gott. Wer kann das nur sein? Ob Emilio …

»Miss, entschuldigen Sie bitte die Störung«, höre ich eine Stimme, die mir völlig fremd ist. Schnell ziehe ich das Laken zu mir und verdecke meine Brüste. Die blauen Augen der lächelnden Schönheit mustern mich beinahe sanft.

»Bonjour, Guten Morgen«, sage ich leise.

»Kommen Sie aus Frankreich?«, fragt sie mich, während sie sich auf dem Absatz umdreht und die Vorhänge zur Seite zieht. Strahlender Sonnenschein und das Zwitschern von Vögeln lässt mich leise seufzen. Normalerweise liebe ich es unheimlich, einen Sonnenaufgang zu beobachten. Doch an einem Tag wie heute gibt es absolut nichts, was mich lächeln ließe. In wenigen Stunden muss ich Emilio heiraten. Die grausame Vorstellung wird zur Realität.

»Oui«, antworte ich irgendwann, nachdem mir Emilios Angestellte einen fragenden Blick zuwirft.

»Oh wie schön, meine Großeltern kommen auch aus Frankreich. Es soll ein wunderschönes Land sein«, erwidert sie verträumt. Wenn sie wüsste, wie schön es wirklich ist.

»Verzeihung, ich habe mich noch gar nicht

vorgestellt. Ich heiße Monica und Mr. Catalano schickt mich, damit ich Ihnen helfe!« Überwachen trifft es wohl eher. Ich nicke ihr kurz zu.

»Oui, ich gehe nur schnell duschen. Könnten Sie mich bitte allein lassen?«, frage ich beschämt und kralle mich wie eine Ertrinkende in dem Laken fest. Ich will ihr nicht zeigen, was Emilio mir angetan hat. Es ist mir wirklich peinlich, obwohl ich mir sicher bin, mich trifft keine Schuld. Nicht ich bin das Monster, er ist es.

»Es tut mir leid, Miss. Mr. Catalano hat mir den Befehl gegeben, Sie nicht allein zu lassen«, gesteht sie mir leise. Seufzend blicke ich sie an. Ich weiß genau, wie sie sich jetzt fühlt. Ich war auch einmal wie diese Frau. Wenn Sage Angelotti gesagt hat, ich solle etwas tun, habe ich keine Fragen gestellt. Ich habe seinen Befehl ausgeführt, wie Monica es gerade tut. Emilio würde uns beide bestrafen, würde ich mich weigern aufzustehen. Und das kann ich ihr unmöglich antun.

Schweren Herzens erhebe mich wie in Zeitlupe aus dem Bett. Mein Körper steht in Flammen. Jede Bewegung schmerzt noch mehr als die zuvor. Auf zittrigen Beinen gehe ich auf Monica zu, die mich verunsichert ansieht.

»Ist alles gut?« Zischend schüttle ich den Kopf und blicke sie mit schmerzverzerrtem Gesicht traurig an.

»Können Sie mir bitte die Tür öffnen?«

»Natürlich, Miss«, höre ich ihre aufgeregte Stimme und blende ihren besorgten Blick aus. Ich habe keine Kraft, ihr zu erklären, warum ich mich so komisch verhalte. Sie wird früh genug davon erfahren. Dabei überlege ich krampfhaft, wie ich in der Lage sein soll, ohne ihre Hilfe unter die Dusche zu springen. Schon der Weg ins Bad kostet mich eine riesige Überwindung. Immer wieder halte ich kurz inne, um Luft zu holen. Trotzdem führt kein Weg daran vorbei, ich muss Monica folgen. Im Bad angekommen, atme ich erleichtert auf. Ich habe es endlich geschafft. Jeder Schritt war eine reine Qual.

»Ich glaube, ich brauche erst einmal etwas gegen die Schmerzen …«, wimmere ich leise auf.

Ein Keuchen dringt über Monicas Lippen. Genau in dem Moment, in dem ich ihr den Rücken zuwende. Fuck.

»Oh mein Gott!« Ihre Stimme klingt brüchig. Ich kann das Mitleid aus jedem ihrer Worte hören. Genau das wollte ich vermeiden. Tief atme ich ein und schenke ihr einen sanften Blick.

»Bitte nicht, Monica«, sage ich leise und spüre schon die Tränen, die sich in meinen Augen sammeln. Nur mit Mühe kann ich verhindern, dass sie über meine Wange laufen.

»Geben Sie mir bitte zwei Schmerztabletten …«, sage ich mit Nachdruck. Sofort löst sie sich aus ihrer Starre und holt mir ein Glas Wasser sowie die Tabletten. Schnell schlucke ich die Medikamente herunter, während Monica für mich alles vorbereitet. Sie legt zwei Badetücher über die Heizung und beginnt auch schon einmal das Wasser zu regulieren. Dabei wirft sie mir immer wieder beunruhigte Blicke zu, deren ich keine größere Beachtung schenke. Würde ich es tun, könnte ich für nichts garantieren. Jedoch will ich Emilio nicht die Genugtuung geben, seinetwegen zu weinen.

Kurz hole ich Luft, lasse das seidene Laken auf den Boden fallen und steige unter die warme Dusche. Japsend schreie ich auf, weil ich das Gefühl habe, einhundert Nadeln würden auf mich einstechen. Wie ein verletztes Tier wimmere ich leise auf, bis der Schmerz verebbt ist. Minuten vergehen, in denen ich einfach nur dastehe und wie benommen an mir herunterschaue. Mein Blut mischt sich mit Wasser. Langsam spült es die Spuren der letzten Nacht fort. Doch die Erinnerungen werden bleiben. Davon bin ich überzeugt. Seufzend nehme ich den Waschlappen von Monica und beginne mich vorsichtig zu waschen. Auf Duschgel oder sonstige Zusätze verzichte ich, um nicht noch mehr Schaden anzurichten, als es Emilio bereits getan hat. Gut eine halbe Stunde, nachdem ich das Bad betreten habe, verlasse ich es zusammen mit Monica. Die Zeit rennt uns davon. Wenn ich mich nicht beeile, werde ich niemals pünktlich in der Kirche ankommen.

»Ich werde mir nur eben meine Unterwäsche anziehen. Könnten Sie in der Zwischenzeit das Kleid …« Mit einem Nicken deute ich zu dem schwarzen Sack an der Tür.

»Ja«, lautet ihre kurze Antwort. Dankbar lächle ich ihr zu. Mein Weg führt mich zu meinem Kleiderschrank, in dem ich wahllos zu BH und String greife. Ich bin nur froh, dass die Schmerzmittel langsam wirken. Obwohl es mir noch immer schwerfällt, mich zu bewegen, gelingt mir das Anziehen meines Slips deutlich besser, als ich angenommen habe.

»Miss …«, räuspert sich das Dienstmädchen hinter mir.

»Sagen Sie bitte Julie zu mir, Monica«, erwidere ich stockend, als ich zum ersten Mal das Kleid sehe, das ich tragen werde. Soll das ein Witz sein?

»Putain de merde, verfluchte Scheiße!«, fluche ich lautstark und balle meine Hand zur Faust. Er will mich also vor all den Gästen bloßstellen? Ich kann es nicht glauben. Jeder wird wissen, was Emilio mir angetan hat. Der Traum aus Schwarz entwickelt sich zu einem Albtraum. Der Rücken ist komplett frei.

»Ich habe keine andere Wahl, oder?«, flüstere ich schockiert und blicke zu Monica. Mitleidig schüttelt sie den Kopf.

»Ich befürchte nicht, Julie«, erwidert sie genauso leise.

»Ich hasse ihn!« Meine Stimme bebt vor Wut. Mein Herz rast und ich merke, wie meine Nervosität größer wird. Ich werfe der Frau im Spiegel einen letzten Blick zu und bitte Monica, Daniele Bescheid zu geben, dass er vorfahren kann. Sofort macht sie sich auf den Weg und lässt mich für einen kurzen Augenblick lang allein. Auf diesen Moment habe ich gewartet. Mit großen Schritten gehe ich zu meinem Nachtschrank und schnappe mir mein Handy, um es in meiner kleinen Clutch verschwinden zu lassen. Gerade noch rechtzeitig, bevor Monica zurück ist.

»Er ist gleich da, wollen wir schon einmal runter gehen?« Ich nicke.

»Ja«, erwidere ich mit erstaunlich fester Stimme und folge ihr den Weg nach unten, wo Daniele gerade vorgefahren kommt. Mit einem »Danke« verabschiede ich mich von Monica und steige auf den Rücksitz. Eine dunkle Trennwand nimmt mir die Sicht und ich könnte mich nicht glücklicher schätzen. Es spielt mir direkt in die Karten. Trotzdem muss ich vorsichtig sein. Geduldig warte ich, bis der Wagen sich in Bewegung setzt. Immer wieder werfe ich einen Blick nach vorne, während ich beinahe geräuschlos meine Clutch öffne. Leise schalte ich mein Handy an. Fuck, nur noch drei Prozent Akku. Egal, es muss reichen. Nervös rufe ich den Chat mit Tiago auf, um ihm in meiner Verzweiflung eine letzte Nachricht zu schreiben.

Julie: Wenn dein Angebot noch immer gilt, mir zu helfen, komm bitte so schnell es geht zur St. Augustine Catholic Church. Ich brauche dich, Tiago. Sollten wir uns nie wieder sehen, sollst du wissen, dass du der einzige Mann bist, den ich je geliebt habe. Deine Julie

Bevor ich es mir anders überlegen kann, drücke ich auf Senden.

Tiago

Angespannt stehe ich zwischen Lion und Slade. Mein Herz rast, dabei ist es nicht das erste Mal, dass uns so eine Aufgabe bevorsteht, in der wir uns gerade befinden. Adrenalin pulsiert durch meine Adern und ich warte auf ein Zeichen von Sage, der mich zu keinem Zeitpunkt aus den Augen lässt. Vermutlich rechnet er schon damit, dass ich überstürzt aus dem Wagen steige, um zu Julie zu rennen. Aber noch kann ich mich gedulden, auch wenn es mir alles andere als leichtfällt. Doch die Gefahr, von Catalano entdeckt zu werden, ist zu groß. Mir bleibt nichts anderes übrig, als abzuwarten.

Seufzend schließe ich für eine Sekunde die Augen, um meine angespannten Nerven zu beruhigen. Wo ist der Drecksack nur? Er sollte längst hier sein. Irgendwas läuft hier ganz und gar nicht nach Plan. Der Typ wird doch wohl kaum seine eigene Hochzeit verpassen, oder? Diese Blöße würde er sich niemals geben. Jeder, nur nicht er. Der Typ hält sich für den größten Helden. Vermutlich hat er als Kind zu oft Al Capone gesehen, was erklären würde, warum seine Wahrnehmung aus dem Gleichgewicht geraten ist. Er denkt, er sei der nächste Pate? Darauf kann er lange warten. Sage wird das niemals zulassen. Genauso wenig wie Massimo, der den Pisser so gar nicht ausstehen kann. Kann man es ihm verdenken? Ich denke nicht. Niemand im Umkreis von zehn Meilen gibt einen Fick auf Catalano und er wird früh genug merken, dass er dem falschen Mann ans Bein gepisst hat. Er wird am eigenen Leib zu spüren bekommen, zu was wir Angelottis fähig sind.

»Showtime!« Wie durch einen Nebel höre ich Slades aufgeregte Stimme, die nur eines bedeuten kann. Emilio Catalano gibt sich die Ehre. Blitzschnell öffne ich die Augen und beobachte den Wichser, wie er mit seinem treuen Begleiter Stefano Maccagno lachend auf den Eingang der St. Augustine Catholic Church zugeht. Wütend balle ich meine Hände zur Faust.

»Bleib ruhig, Tiago. Wir holen sie da raus, du hast mein Wort«, knurrt Sage. Genervt blicke ich an.

»Sagst ausgerechnet du. Wer ist denn damals einfach in die Villa gerannt, um seine Frau zu retten?«, gebe ich spitz zurück. Ich kann nicht glauben, welchen Bullshit er da von sich gibt. Ich und ruhig bleiben? Natürlich bin ich ruhig. Sieht er denn nicht, wie fucking ruhig ich bin? Angepisst beiße ich die Zähne zusammen und ziehe warnend eine Augenbraue nach oben.

»Ihr Pussys fangt jetzt nicht an zu streiten, sonst gehen wir da ohne euch rein, habt ihr das verstanden?« Überrascht blicke ich zu Lion, der uns wütend mustert. Hat er das gerade wirklich gesagt? Grinsend schüttle ich den Kopf.

»Vergiss es, Lion, du kannst dich auf den Kopf stellen, trotzdem werde ich nicht hierbleiben«, sage ich leise und sehe, wie seine Augen gefährlich aufblitzen. Ich weiß, er denkt an unser Gespräch, genau wie ich. Zaghaft nickt er mir zu. Er hat es verstanden und zum ersten Mal habe ich das Gefühl, er würde meine Entscheidung respektieren. Mich respektieren. Und nicht mehr den kleinen Jungen in mir sehen, der ich einmal war. Tiago Angelotti ist erwachsen geworden und wie mir scheint, kommt das auch so langsam in den Gehirnen meiner Brüder an.

»In fünf Minuten gehen wir rein. Die Männer sind

auf ihren Positionen«, sagt Sage mit strenger Stimme, während er noch einmal mit Castell spricht. Kurz nicke ich ihm zu und checke mein Handy. Aus großen Augen starre ich auf den Namen, der in fetten Lettern schwarz aufblickt. Julie? Was zur Hölle? Mit einem unguten Gefühl in der Magengegend öffne ich die Nachricht.

Julie: Wenn dein Angebot noch immer gilt, mir zu helfen, komm bitte so schnell es geht zur St. Augustine Catholic Church. Ich brauche dich, Tiago. Sollten wir uns nie wieder sehen, sollst du wissen, dass du der einzige Mann bist, den ich je geliebt habe. Deine Julie

Tief atme ich durch und lasse das Handy in meiner Hand sinken. Neugierig blicken Lion und Slade auf den Bildschirm.

»Sie braucht uns wirklich, oder?«, höre ich Lions

gepresste Stimme. Nickend schalte ich das Handy aus.

»Julie ist niemand, der andere um Hilfe bittet. Schon gar nicht mich!« Und das ist nicht gelogen. Julie hat so ihre Probleme damit, anderen zu vertrauen. Ich glaube, die Einzige, der sie je vertraut hat, ist Celeste. Dass sie mir nun schreibt, kann nur eines bedeuten. Sie ist in fucking großen Schwierigkeiten.

»Sage«, knurre ich leise, genau in dem Moment, in dem er »Zugriff!« bellt. Sein Timing könnte nicht perfekter sein. Slade zögert keine Sekunde. Mit einem heftigen Ruck öffnet er die Schiebetür des Transporters und stürmt bewaffnet nach draußen. Sage und Lion folgen ihm so schnell sie können, während ich mich Massimo und Valentino anschließe. Innerhalb von wenigen Minuten gelingt es uns, ohne großes Aufsehen ins Innere der Kirche zu dringen. Kein Wunder. An jeder Ecke stehen unsere Männer, die uns unmerklich zunicken.

Ihr Fokus liegt auf Catalano und seinem Gefolge, das an ihm klebt. Er geht keinen Schritt ohne die Begleitung seiner verfickten Bodyguards. Ist das zu fassen? Hat der Pisser etwa Schiss? Ausgerechnet der größte Wichser von allen wird besser bewacht als Ford Nox. Er kann uns nicht ewig aus dem Weg gehen. Irgendwann werden wir ihn uns schnappen und dann Gnade ihm Gott. Lebend wird er diese Kirche niemals verlassen, darauf verwette ich mein linkes Ei. Schon im Vorfeld hat Sage deutlich gemacht, wem Catalano gehört. Ihm allein und sollte jemand auf die Idee kommen, sich ihm in den Weg zu stellen, wird er es bitter bereuen.

Mit einem mulmigen Gefühl schaue ich zum Altar. Doch von Julie ist weit und breit nichts zu sehen. Vermutlich macht sie sich zurecht, bevor ihr

Auftritt gekommen ist. Ob Celeste bei ihr ist? Mit Sicherheit.

Ein Blick zu Sage zeigt deutlich, wie angepisst er ist. Irgendwie haben wir uns das hier viel zu leicht vorgestellt. Selbst wenn ich wollen würde, ich kann Catalano nicht einfach umlegen und zusammen mit Julie von hier verschwinden. Wir sind nicht Bonnie und Clyde. Und das hier ist auch kein verficktes Märchen, in dem die Prinzessin darauf wartet, von ihrem Prinzen gerettet zu werden. Es ist die bittere Realität und ich hoffe, es gelingt uns, Julie zu retten. Denn gerade sieht es nicht so aus, als würde uns das gelingen.

Obwohl wir an jedem Punkt gut fünf Männer von uns positioniert haben, kommen wir an den Wichser nicht ran. Dann muss wohl doch Plan B her, von dem mein Bruder gesprochen hat. Wir werden Julie hinterrücks überfallen, um sie von hier wegzubringen. Alles andere wäre zu leichtsinnig. Gerade an einem Ort wie diesem. Hier wimmelt es nur so vor Menschen. Würde einer von uns die Waffe ziehen, könnte es sein, dass es in einem Blutbad endet. Unschuldige Frauen und Kinder würden sterben und auch auf die Gefahr hin, dass ich mir die Zunge verbrenne, möchte ich nicht schuld daran sein. Ob es mir nun passt oder nicht, ich werde mich in Geduld üben müssen. Mit angehaltenem Atem beobachte ich Sage, wie er sich hinter Catalano vorbeischleicht, um in den südlichen Teil der Kirche zu dringen. Wenn mich nicht alles täuscht, befindet sich dort ein kleiner Raum, in dem sich die Braut aufhalten soll.

»Wo ist Sage?« Massimos wütende Stimme dringt zu mir und ich blicke ihn verwundet an.

»Er macht sich gerade auf den Weg zu Julie, wenn mich nicht alles täuscht. Warum fragst du?«

Neugierig blicke ich zwischen Valentino und Massimo hin und her, die mal wieder eine ihrer stummen Unterhaltungen führen.

»Weil Slade gerade für Ärger sorgt, deshalb!« Mit einem Nicken folge ich Massimos Blick. Oh mein fucking Gott. Was zur Hölle tut Slade denn da? Ist er von allen guten Geistern verlassen? Er kann doch nicht zu Catalano gehen und ihm vor seinen Leuten eine geladene Waffe in den Nacken drücken? Ist er lebensmüde? Was ist, wenn die anderen abdrücken? Will er etwa sterben? Gut zehn Kleinkaliber sind auf ihn gerichtet und der dämliche Hund grinst, als wäre das irgendein verfickter Scherz? Verdammt, Slade. Julie ist noch immer nicht in Sicherheit und er bringt es tatsächlich fertig, Öl ins Feuer zu gießen. Ich kann es einfach nicht glauben.

»Fuck« zische ich leise und schüttle angepisst den Kopf. Lion dachte, von mir würde eine Gefahr ausgehen, dabei ist es ausgerechnet Slade, der die Nerven verliert.

»Lion, komm her, hier steigt die Party«, ruft Slade lachend zu meinem Bruder, der erst jetzt begreift, was da vor sich geht. So wie jeder der anwesenden Gäste hier. Ein Schrei ertönt und es bricht um uns herum ein riesiger Tumult aus. So eine Scheiße. Warum hat Slade das getan?

Blitzschnell teilen Valentino, Massimo und ich uns auf, um dem Psycho zur Hilfe zu eilen. Innerhalb von Sekunden gerät die Situation völlig außer Kontrolle, während meine Gedanken die ganze Zeit über bei Julie sind. Hoffentlich kann Sage sie retten. Gefangen zwischen Panik und Wut dränge ich mich an einer Schlange von Menschen vorbei und gebe einem der Security Bescheid, mir zu folgen. Sofort ist er an meiner Seite, worüber ich mich nicht glücklicher schätzen könnte.

»Angelotti, nimm die Waffe runter, denkst du ernsthaft, du kommst hier lebend raus?«, verhöhnt Catalano meinen Bruder, der mir einen wissenden Blick zuwirft. Wenn er jetzt sein Maul aufmacht, war …

»Ich denke, meine Karten stehen bedeutend besser als deine, Arschloch!«

Warum kann Slade nicht einmal seine dämliche Fresse halten? Nein, er provoziert Catalano und seine Männer auch noch, die sofort bemerken, was hier gespielt wird. Sie sitzen in der Falle.

»Es war alles umsonst«, spreche ich meine Gedanken aus und blicke genervt zu Valentino, der mir grimmig zunickt.

»Informiere du Sage. Er soll deine Kleine durch den Hintereingang nach draußen schaffen. Ich versuche, deinem Bruder den Arsch zu retten«, presst er wütend heraus und lädt seine Waffe durch.

Mit zwei großen Schritten ist er bei Maccagno, der alles daransetzt, Catalano zu schützen. Genau in dem Moment, in dem ich Sage ein paar Infos übers Headset zubrülle, fällt der erste Schuss. Fuck, fuck, fuck. Welcher Idiot hat denn nur geschossen?

»Sage, schaff Julie hier raus. Uns fliegt alles um die Ohren«, schreie ich meinem Bruder zu, dem anzuhören ist, wie wütend er ist.

»Wer zur Hölle …«, höre ich ihn noch fragen, bevor ein zweiter Schuss fällt. Ich habe keine Zeit, Sage zu antworten. Es gibt Wichtigeres zu tun. Keine Ahnung, wie es Catalano gelungen ist, Slade zu entkommen. Der Pisser ist gerade dabei, sich einen Weg aus der Kirche zu schießen. Ich muss ihn stoppen. Ein weiterer Schuss folgt und eine Frau sackt leblos zu Boden. Aus toten Augen starrt sie in meine Richtung. Alles Leben ist aus ihrem Gesicht gewichen, während Blut von ihrer Stirn tropf. Diese

Scheiße geht eindeutig auf Slades Kappe. Wenn ich ihn nachher lebend erwische, bringe ich ihn eigenhändig um. Er spielt mit dem Leben von Hunderten von Leuten, ist ihm das denn nicht klar?

Fluchend suche ich mir einen Weg durch die Menschenmasse, die panisch aus der Kirche rennt. So viel zum Thema, wir haben alles unter Kontrolle. Wir haben nichts außer einem Haufen Scheiße angerichtet. Und dass nur wegen Slade. So ein Vollidiot.

»Massimo, Catalano flieht«, brülle ich meinem Freund zu, der immer wieder in Deckung geht. Niemand scheint zu bemerken, wie sich die feige Sau aus dem Staub macht. Kein Wunder. Hier drinnen ist das blanke Chaos ausgebrochen. Schüsse fallen, Schreie hallen von den Wänden der Kirche wider und ich bin Catalano dicht auf den Fersen. Ich hoffe nur, der Priester ist irgendwo in Sicherheit.

»Schnapp dir Valentino und Gabriele. Er darf uns nicht entkommen!« Er ist echt lustig. Hier fallen Schüsse ohne Ende und ich muss zusehen, nicht als Schweizer Käse auf dem Tisch der Pathologie zu landen und alles, was ihn interessiert, ist Catalano? Wir sind nicht seinetwegen hier, sondern um Julie zu retten. Wie oft muss ich das denn noch sagen?

»Fick dich!«, brülle ich angepisst und schiebe mich an einem Typen vorbei, der mir ziemlich bekannt vorkommt. Zu spät realisiere ich, wie er seine geladene Waffe hebt, um sie mir direkt vor die Nase zu halten. Zu allem Überfluss schenkt der Wichser mir ein schmieriges Grinsen, das ich ihm am liebsten aus seiner dämlichen Fresse schlagen möchte.

»Er wusste, du würdest kommen«, sagt er überheblich und versperrt mir den Weg. Scheiße, ich muss hier raus, sonst ist Catalano über alle Berge.

»Ach ja? Und wer bist du? Der Typ, der ihn jeden-Abend in den Arsch fickt, während er dir gruselige Gute-Nacht-Geschichten erzählt? Verpiss dich!« Ich richte meine Waffe auf ihn und drücke ab. Was für ein Wichser, dachte er ernsthaft, er könne mich provozieren?

»Tiago, wo zur Hölle steckst du?«, höre ich Sages aufgebrachte Stimme durch mein Headset und blicke wie benommen nach draußen. Von Catalano fehlt jede Spur. Das kann doch alles nicht wahr sein.

»Wo ist er?«, fragt Valentino mit einem Schnaufen und blickt grinsend auf den toten Bastard am Boden. Noch immer überlege ich krampfhaft, woher ich ihn kenne.

»Ich habe Catalano verloren«, sage ich gepresst und höre, wie Sage tief Luft holt.

»Scheiße!«, flucht Valentino und legt seufzend seine Hand auf meine Schulter.

»Mach dir nichts draus. Wir werden ihn finden«, versichert er mir, während mir wieder einfällt, woher ich den Typen am Boden kenne.

»Daniele Marino, ist das nicht der Typ, mit dem Catalano …«

Die letzten Worte bleiben mir im Halse stecken, als ich sehe, wie Sage auf mich zukommt. Seine Laune scheint im Keller, was vermutlich an dem Chaos hinter mir liegt. Doch noch ehe ich reagieren kann, rammt er mir seine Faust ins Gesicht und ich weiche fluchend vor ihm zurück. Was zur Hölle? Denkt er etwa, ich bin für dieses Chaos verantwortlich?

»Bist du komplett übergeschnappt?«, frage ich angepisst und funkle ihn wütend an.

»Wenn ich dir sage, du sollst zu mir kommen, dann tue es gefälligst. Wo ist dein Scheißproblem, Mann? Julie … sie braucht dich!« Sages harte Worte reißen mich aus den Gedanken und ich blicke überrascht zu meinem Bruder.

»Wo … ist … sie?«

»Sie ist jetzt bei Rocco im Transporter und wenn ich dir einen gut gemeinten Rat geben darf, reiß dich zusammen. Sie sieht nicht gut aus«, höre ich seine gedämpfte Stimme. Was soll das heißen? Sie sieht nicht gut aus? Ist sie etwa in Gefahr?

Vergessen ist meine Wut auf Sage, der an mir vorbeigeht, um in die Kirche zu stürmen. Gefolgt von Valentino und Gabriele und den anderen. Auf schnellstem Weg renne ich los und halte in der Bewegung inne, als ich Julie sehe. Aus rotgeweinten Augen starrt sie mich an.

»Tiago … du bist gekommen«, höre ich ihre samtweiche Stimme, nachdem sie aus dem Transporter gestiegen ist. Ist sie es wirklich? Sie sieht so anders aus mit den dunklen Haaren. Ich brauche einen kurzen Moment, um zu realisieren, dass Julie tatsächlich vor mir steht. Mit einem Schritt bin ich bei ihr und ziehe sie an mich. Ein markerschütternder Schrei löst sich aus ihrer Kehle und ich lasse sie sofort los. Unsicher blicke ich sie an.

»Julie … ich wollte dir nicht wehtun«, sage ich entschuldigend, während sie traurig den Kopf schüttelt.

»Es ist nicht deine Schuld Tiago … Emilio, er …«, stockt sie beim Namen von Catalano. Wie in Zeitlupe dreht sie sich um und mir entgleiten sämtliche Gesichtszüge. Der Bastard ist sowas von tot, wenn ich ihn in die Finger kriege. Nun verstehe ich, was Sage mir sagen wollte.

»Komm her zu mir, Tesoro!« Wie ein Vogel im Wind öffne ich meine Arme und warte, bis sie sich an mich schmiegt. Mein Herz rast. Wie konnte ihr

Catalano sowas antun? Ich kämpfe gegen meine Tränen an und lege behutsam einen Finger unter ihr Kinn.

»Es tut mir leid, was er dir angetan hat. Es ist alles meine Schuld, hätte ich doch nur viel eher dazu gestanden, dass ich dich liebe, dann …«

Seufzend lege ich meine Stirn an ihre und tue das einzig Richtige. Ich küsse sie.

Epilog Julie

Eng aneinander gekuschelt liegen Tiago und ich in seinem Bett. Während er darauf achtet, mich nicht am Rücken zu berühren, wächst das Verlangen in mir. Seit wir das Hotelzimmer betreten haben, hat er mich keine Sekunde aus den Augen gelassen. Behutsam hat er die Salbe aus dem Krankenhaus auf meine Verletzungen aufgetragen. Seitdem liege ich nackt neben ihm, was ihn keineswegs zu stören scheint. Im Gegenteil. Mit einem Lächeln auf den Lippen streichelt er über meinen Hintern. Ich kann an meinem Bauch spüren, wie sehr es ihn erregt. Die schwarze Jogginghose, die er trägt, offenbart mehr, als er vielleicht denkt. Ich nehme jedes Detail überdeutlich wahr.

Der Wunsch, alles zu vergessen, wird immer größer. Ich will nicht daran denken, was Emilio mir angetan hat. Oh nein. In diesem Augenblick möchte ich nur noch Tiago spüren. Ganz tief, um die schlechten Erinnerungen aus meinem Gehirn zu verbannen. Ich bin es mir und Tiago schuldig, die Vergangenheit hinter mir zu lassen. Hinter uns zu lassen. Wir können die Zeit nicht zurückdrehen. Aber wir können anfangen, nach vorne zu schauen und aus den Fehlern lernen, die wir in den letzten Wochen gemacht haben. Es war eine Reihe von unglücklichen Missverständnissen, die dazu geführt hat, dass ich die Beziehung zu Tiago beendet habe.

Sein Wunsch, ich solle ihn nach Roma begleiten, hat einen Stein ins Rollen gebracht, der zu einer Lawine wurde. Wieso habe ich nicht gleich mit ihm gesprochen? Ihn danach gefragt, warum er mich zu sich nach Italien holen möchte. Hätte ich von

Anfang an gewusst, dass er mich wirklich liebt, wäre ich nie auf die Idee gekommen, auf diesen Ball zu gehen. Emilio und ich würden noch immer Fremde sein und …

Schluss jetzt. Ich will nicht schon wieder an den Mann denken, der für all die Narben auf meinem Rücken und auf meiner Seele verantwortlich ist. Eines Tages werde ich ihn vergessen. Davon bin ich überzeugt. Tiago wird alles in seiner Macht Stehende tun, um mir dabei zu helfen.

»Tesoro, ich liebe dich!« Seine Stimme klingt rau vor Verlangen und ich weiß, er will mich genauso sehr, wie ich ihn. Mit meinen Fingern streichle ich über seine Brust und wandere immer tiefer. Noch nie hat sich seine Haut so gut unter meinen Händen angefühlt wie in diesem Moment. Seine braunen Augen ruhen sanft auf mir, während er mir behutsam mit dem Daumen über meine Lippen fährt. Ein Schauer überkommt mich. Mit etwas Druck schiebe ich ihn von mir. Mit erhobener Augenbraue grinst er mich diabolisch an. Was zur Hölle hat er vor? Blitzschnell schlingt er seine Hände um meine Taille und zieht mich mit einer eleganten Bewegung rittlings auf seinen Schoß.

»Tiago!«, schreie ich erschrocken auf und blicke ihn kopfschüttelnd an.

Sanft streicht er meine Haare hinter mein Ohr, bevor er mein Gesicht behutsam in seine Hände nimmt.

»Du bist das schönste Kapitel in meinem Leben und ich möchte dieses Buch nicht zuschlagen, bevor wir beide unser verficktes Happy End bekommen, von dem ich immer geträumt habe!« Tiagos Worte lassen mich kurz nach Luft schnappen. Tränen sammeln sich in meinen Augen und ich schlinge meine Arme um seinen Nacken.

»Tiago«, hauche ich leise. Doch mehr als sein Name kommt nicht über meine Lippen, weil er seinen Finger auf meinen Mund legt, um mich zu stoppen.

»Das Erste, was ich tun werde, wenn wir in Rom gelandet sind, ist, dich zu Mrs. Angelotti zu machen. Und bevor du etwas sagen möchtest, nein, ich werde darüber nicht mit dir diskutieren. Du und ich gehören zusammen und niemand wird uns jemals wieder trennen!« Oh mein Gott.

»Du willst mich heiraten?« Schockiert starre ich ihn an.

»Ich werde jeden töten, der das verhindern will«, knurrt er dunkel. Seine Worte gehen mir unter die Haut. Treffen mich mitten ins Herz. Ich kann meine Tränen nicht länger zurückhalten und küsse ihn. Aus dem knisternden Lodern entfacht ein Feuer. Er küsst mich mit einer Leidenschaft, die mir den Atem raubt. Keuchend reibe ich mich an seiner Mitte und löse mich nur widerwillig von seinen Lippen.

»Ich will dich«, stöhne ich erregt, als ich spüre, wie er seinen Daumen über meine Perle gleiten lässt. Heiße Wellen der Lust jagen durch mein Inneres.

»Dann nimm dir, was du brauchst!« Wie bitte? Verwirrt blicke ich auf ihn herunter, während er vorsichtig die Hüfte hebt. Schnell kralle ich mich an ihm fest, um nicht zur Seite zu kippen. Schluckend beobachte ich Tiago dabei, wie er seine Hose herunterzieht. Nackt, hart und pulsierend liegt sein Schwanz auf seinem Bauch und ich brauche eine Sekunde, um zu realisieren, dass das hier gerade wirklich passiert. Tiago überlässt mir die Führung? Ganz freiwillig?

»Tiago, was tust du da?«, hauche ich gerührt.

»Ich zeige dir, wie sehr ich dich liebe. Benutz mich, fick mich, küss mich … Mir ist egal, was du von mir brauchst, nimm es dir, Tesoro.« Einen größeren Liebesbeweis hätte er mir nicht geben können.

Mit zitternden Händen streiche ich über seinen Bart. Sanft lege ich meine Lippen auf seine und blicke ihn dankbar an.

»Ich liebe dich, Tiago Angelotti, und ich kann kaum erwarten, deine Frau zu … werden«, stöhne ich in dem Moment auf, in dem ich mich auf seinen Schwanz sinken lasse. Blitze erscheinen vor meinen Augen. Erregung flutet meine Sinne. So intensiv habe ich Tiago noch nie gespürt. Wie in Zeitlupe hebe ich meine Mitte, nur um ihn beim nächsten Mal etwas tiefer in mich aufzunehmen. Schnell finden wir einen gemeinsamen Rhythmus. Küssend reite ich mich dem Höhepunkt entgehen und kann kaum glauben, wie feucht ich bin. Innerhalb von Sekunden stehe ich unter Strom und es ist allein

Tiagos Schuld. Er schafft es mit nur einer Berührung, dass ich zu Wachs in seinen Händen werde.

Und zum ersten Mal habe ich das Gefühl, wirklich geliebt zu werden. Ein Cocktail an Emotionen überflutet mich. Tränen mischen sich mit meiner Erregung und ich stöhne meine Lust heraus. Ich spüre das Pulsieren in mir, während er sich immer wieder mit einem kräftigen Stoß von unten in mich schiebt. Sein Knurren zeigt mir, wie sehr es ihm gefällt, was ich mit ihm tue.

»Tiago, oui, oui, oui … nimm mich«, wimmere ich leise. Fest packt er meinen Hintern und pumpt sich so tief in mich, dass ich Sterne sehe. Das Geräusch von Haut auf Haut erfüllt den Raum. Der Duft von Sex vernebelt meine Sinne und ich lasse mich fallen. Knurrend schiebt er sich noch einmal in mich und dann ist es um mich geschehen. Mit einem

Stöhnen hebe ich ab. Wie durch einen dichten Nebel spüre ich, wie Tiago sich in mich rammt und meinen Orgasmus verlängert, bis auch er sich in mir ergießt. Erschöpft und glücklich lasse ich mich auf ihn fallen. Ich höre, wie sein Herz rast.

»Je t'aime, Tiago. Tu es mon aujourd'hui, mon demain, mon éternité. Je ne veux plus jamais me réveiller sans ton contact et je ne veux pas m'endormir tant que tu ne m'as pas embrassé.« Leise hauche ich die Worte, die mir gerade durch den Kopf gehen.

»Tesoro, du weißt, ich liebe es, wenn du Französisch sprichst. Aber ich verstehe kein Wort«, höre ich ihn lachen.

»Ich liebe dich, Tiago. Du bist mein Heute, mein Morgen, mein Für immer. Ich will nie wieder ohne deine Berührungen aufwachen und abends nicht eher einschlafen, bis du mich geküsst hast.«

»Ich liebe dich, Tesoro«, erwidert er mit einem Lächeln. Sanft küsst er mich und ich spüre, wie er sich langsam aus mir zurückzieht.

»Warte einen Moment, ich bin gleich zurück, Tesoro.« Mit einem Nicken mache ich ihm Platz.

»Ich komme mit«, sage ich entschieden und rapple mich aus dem Bett auf.

»Aber du sollst dich schonen«, ermahnt er mich mit fester Stimme.

»Das kann ich auch in Anwesenheit deiner Brüder tun. Bitte Tiago, ich kann nicht den ganzen Tag im Bett liegen und nichts tun. Ich werde da jetzt rausgehen und uns etwas zu Essen zu machen!«

»Du wirst dich nicht umstimmen lassen, oder?« Mein Grinsen ist Antwort genug.

»Na schön«, brummt er. Kichernd ziehe ich mir ein Shirt von Tiago an, das mir bis zu den Knien reicht. Obwohl der Stoff auf meiner Haut wie die

Hölle brennt, versuche ich mir nichts anmerken zu lassen. Hand in Hand verlassen wir das Schlafzimmer. Von Weitem können wir hören, dass Sage und Slade schon wieder aneinander geraten.

»Du bist so ein Wichser, Slade. Ehrlich. Weißt du, wie gefährlich deine Scheißaktion war? Was wäre gewesen, wenn Catalano dich abgeknallt hätte? Oder Massimo, Lion, Tiago oder Julie? Wir haben durch dein fahrlässiges Handeln vier Männer verloren, geht dir das wirklich am Arsch vorbei?«, brüllt Sage aufgebracht. Nervös blicke ich zu Tiago, der jedes Wort mit angehört hat.

»Keine Sorge, die beiden beruhigen sich schon wieder. Tu einfach so, als wären sie gar nicht da«, flüstert er mir grinsend zu. Ich soll was tun? Ausgeschlossen.

»Hier geht es nicht nur um dich, Slade. Catalano ist deinetwegen entkommen und weißt du, was mich so richtig abfuckt? Dass du hier vor mir sitzt und noch immer dämlich grinst, während ich darüber nachdenke, was geschehen wäre, wenn ich …« Sages Blick trifft auf Tiagos und ich spüre, wie die Luft zwischen den beiden zu brennen beginnt.

»Gestorben wäre. Verdammt. Bailee ist schwanger und ich habe ihr ein Versprechen gegeben, nie wieder so leichtsinnig zu sein wie damals. Wir werden nach Catalano suchen und ich warne dich, Slade. Wenn meinen Töchtern oder meiner Frau etwas passiert, bringe ich dich um«, flüstert Sage mit rauer Stimme. Wie gerne würde ich ihm zur Schwangerschaft seiner Frau gratulieren, doch so weit komme ich gar nicht.

»Ich habe es dir gesagt, nicht wahr? Sobald du sie fickst, schwängerst du sie. Wenn dieses Kind da ist, werde ich dich eigenhändig kastrieren.« Ich schnappe nach Luft. Oh mein Gott. Warum sagt

Tiago sowas? Sprachlos schaue ich zwischen den beiden hin und her. Doch zu meiner Erleichterung scheint niemand der beiden sauer auf den anderen zu sein. Ganz im Gegenteil. Sie grinsen sich amüsiert an.

»Neidisch, Kleiner?« Sages überhebliche Art zeigt, wie stolz er darauf ist, noch einmal Dad zu werden.

»Nein, bei diesen kleinen Monstern kann ich dir eigentlich nur gute Nerven wünschen. Oder soll ich lieber noch mehr Waffen besorgen, falls es wieder ein Mädchen wird?« Kichernd blicke ich zu Tiago. Auch wenn sein Spruch wirklich daneben ist, verstehe ich, was er seinem Bruder damit sagen will. Nachdem die Drillinge auf der Welt waren, hat er nämlich genau das getan. Er hat nicht nur das Personal rund um die Villa aufgestockt, sondern zusätzlich dazu eine ganze Ladung an Waffen geordert. Woher ich das weiß? Tiago hat mir davon erzählt und auch wenn ich die Sorge von Sage verstehen kann, muss ich schmunzeln.

»Dieses Mal ist es ein Junge«, kommt prompt die Antwort von Sage, was Lion immer breiter grinsen lässt. Die Angelottis sind echt nichts für schwache Nerven.

»Das dachtest du beim letzten Mal auch«, grölt Slade, der mich mit einem kalten Blick von oben bis unten mustert. Der Typ ist mir irgendwie unheimlich. Dicht dränge ich mich an meinen Verlobten, der mich neugierig ansieht. Gerade als Tiago fragen will, was los ist, klopft es laut an der Tür. Wer auch immer davor steht, er scheint es verdammt eilig zu haben.

»Ich geh schon«, sage ich leise und sehe, wie mein zukünftiger Schwager sich grummelnd in Bewegung setzt. Kopfschüttelnd beobachten wir ihn dabei, wie er die Tür mit Schwung öffnet. Ich kann meine

Neugierde kaum verbergen. Erst recht nicht, als ich Slades wütende Stimme höre.

»Scheiße, was zur Hölle willst du denn hier?« Ist das sein Ernst? Wieso ist er so unfreundlich?

»Slade, bitte … ich brauche deine Hilfe. Nino … er ist weg!«

Ende

Danksagung

Wieder einmal stehe ich am Ende eines Buches. Eine lange Reise geht zu Ende und wie immer war ein Mensch an meiner Seite, die immer auch ein Teil meiner Bücher ist. Lexi, meine beste Freundin, meine Seelenverwandte, meine Mrs. Notizzettel, meine unangefochtene Nummer eins. Uns hat das Schicksal vor vielen Jahren zusammengebracht und ich weiß genau, du bist diese eine Person, für die ich nicht nur Müllsäcke und Spaten besorgen würde, ich bin auch dein Alibi in jeder Situation. Ich liebe dich, Babygirl.

Meine wundervolle Frauke, ich bin so unsagbar dankbar, dass du mich seit nun beinahe einem Jahr begleitest. Du hast das Beste aus mir rausgeholt und dafür möchte ich mich ganz herzlich bei dir bedanken.

An meine wundervollen Testis Sam, Mandy, Milla, Sandra und Tanja, Danke für eure Unterstützung, euer Input und die Kritik, die mich immer auch ein Stück weiterbringt. Ohne euch und eure Hilfe kann ich mir mittlerweile keine Veröffentlichung mehr vorstellen. Danke, das ihr an meiner Seite seid.

Aber auch meinen Chaosblogger, Autorenkollegen und all den wundervollen Lesern, ihr seid der größte Antrieb für mich. Ich weiß eure lieben Worten, Unterstützung, das teilen meiner Schnipsel und Veröffentlichung wirklich zu schätzen. Auch wenn es nicht immer einfach ist, jeden von euch zu sehen, da SM mir an manchen Tagen einen Strich durch die Rechnung macht, sehe ich es nicht als selbstverständlich an. Mein größter Dank gilt euch, denn ohne euch, würde niemand meine Bücher sehen, geschweige denn lesen.

Von Herzen DANKE <3

Printed in Poland
by Amazon Fulfillment
Poland Sp. z o.o., Wrocław

34584756R00163